청소년 사이버폭력 문제와 상담

정여주 저

ADOLESCENT CYBERBULLYING PROBLEM
AND COUNSELING

학지사

이 저서는 2016년 정부(교육부)의 재원으로 한국연구재단의 지원을 받아 수행된 연구임(NRF-2016S1A6A4A01019399)

청소년들에게 있어서 이제 사이버 세계는 주된 삶의 공간이 되어 가고 있다. 인터넷 중독 문제를 오랜 기간 연구하고 강의 하면서 이제는 더 이상 인터넷 중독을 문제 삼을 때가 아니라 청소년들의 사이버 세계에 대해 이해하고, 그 안에서 청소년들 이 무엇을 찾아 나가고 있으며, 왜 그 안에서 과격한 폭력이 일 어나고, 이를 어떻게 상담적으로 접근해 나가야 할지를 생각해 볼 때가 되었다는 생각이 들었다.

2009년 한 해 동안 서울대학교에서 사이버폭력 개입을 주제 로 박사학위논문을 진행했었는데, 그때만 해도 사이버폭력은 새롭게 등장한 문제 영역이었다. 그러나 10년도 더 지난 지금은 사이버폭력 문제가 학교폭력에서도 가장 주된 영역이 되었으 며, 청소년 상담에서 빠질 수 없는 영역이 되었다. 박사과정 때 부터 지금까지 사이버폭력 연구를 진행해 오면서 사이버폭력과 관련된 다양한 서적을 구입하였지만, 국내 서적은 매우 부족한 실정이었다. 해외에서는 'cyberbullying'으로 검색하면 매년 새로운 책들이 쏟아져 나왔지만, 그 책들에는 국내 청소년들의 사례나 국내의 현황과는 다른 내용도 많아서 아쉬웠다. 심지어 이를 번역한 서적도 많지 않아서 청소년의 사이버폭력 문제를 접하는 상담자, 교사 등 다양한 사람에게 도움을 주기 힘들었다.

이런 현실을 보면서 사이버폭력과 관련된 저서 집필을 결심하게 되었다. 아직은 본인도 계속해서 연구 중인 영역이고, 특히 사이버폭력 청소년을 어떻게 상담할 것인가에 대해서 완성이 되지는 않았지만, 우선 지금까지 연구하고 깨달은 것들을 정리하고 넘어가는 것이 좋겠다는 생각에서 이 책을 집필하게 되었다.

이 책을 쓰면서 다른 책들처럼 사이버폭력의 정의, 실태부터 제시하며 시작하고 싶지 않았다. 사실 사이버폭력은 청소년들의 삶이 사이버 세계 속으로 대거 이동했기 때문에 일어나기 시작한 것이다. 따라서 청소년들의 사이버폭력을 이해하기 위해서는 그들의 사이버 세계와 사이버 속 그들의 욕구를 이해하는 것이 우선이라고 생각한다.

그래서 이 책의 제1장에서는 사이버 세계 속 청소년들의 모습을 소개하고 있다. 특히 사이버 세계 속에서 자기(self)를 어떻게 만들어 가고 있는지, 사이버 관계에서 대상의 특징이 무엇인지에 대해 그동안의 생각을 정리해 보았다. 또 사이버 세계 속에서 청소년들이 주로 추구하고 있는 욕구가 무엇인지를 소개하였다. 특히 이 부분에서는 과거에 저자 본인이 진행한 연구들에서 청소년들을 인터뷰하면서 들었던 내용들을 함께 나누고 그들의 마음을 이해해 보고자 하였다.

제2장에서는 사이버폭력이 무엇이고, 그동안 학교폭력과 어떤 점에서 비슷하고 어떤 점에서 다르다고 밝혀 왔는지 기존 학자들의 의견을 정리해 보았다. 이 부분에서 기존 연구들이 제시하고 있는 용어들, 학자의 정의들을 비교해서 살펴볼 수 있다. 그리고 제3장에서는 좀 더 상세하게 사이버폭력의 유형에는 어떤 것들이 있는지 예시를 통해서 함께 살펴보았다. 제2장과 제3장을 통해 기본적으로 사이버폭력이 무엇인지, 어떤 것들이 사이버폭력에 속하는지에 대한 지식을 얻을 수 있다.

제4장에서는 사이버폭력과 관련된 사람들에 초점을 맞추었다. 가해자, 피해자, 목격자가 각각 어떤 특징을 지니고 있는지, 그리고 가해 및 피해의 원인과 결과로는 어떤 것들이 있는지 기존 선행 연구에서 밝힌 내용들을 정리해 보았다. 이 장에서 우리가 상담을 통해 만날 수 있는 내담자들의 특성을 좀 더 유추해 보고, 상담적 개입에 대해 고민해 볼 수 있다.

제5장에서는 그동안 개발한 사이버폭력 관련 척도들을 제시하였다. 사이버폭력 척도가 국외에는 매우 다양하게 많으나, 국내에서 신뢰도와 타당도를 입증한 척도를 싣는 것이 더 도움이 된다고 판단하여 국내 개발 척도를 넣었다. 또 사이버 속 욕구를 파악할 수 있는 척도도 함께 제시하여 상담 시 도움을 받을 수 있도록 하였다.

　제6장은 이 책의 최초 집필 계획 단계에서는 포함시키지 않았으나, 2019년에 교육부에서 사이버폭력 예방 및 대응 연구를 진행하면서 새롭게 조사한 내용들을 추가하였다. 국내에서도 이제 정부를 중심으로 사이버폭력에 집중적으로 대응하려는 움직임이 있으므로, 이 책에서도 그 내용을 소개하고 사이버폭력 관련 정책이 어떻게 변화될 수 있을지를 함께 고민해 보고자 하였다.

　마지막으로 제7장은 사이버폭력 상담에 대해서 기술하였다. 사실 사이버폭력 상담은 아직 정립되지 않은 부분이 많다. 그러나 기존의 상담이론 중 통합적 상담이론을 통해 각 상담의 단계별로 사이버폭력 내담자들에게 어떻게 다가갈 수 있을지 고민하여 제시해 보았다. 앞으로 이 부분은 계속 연구하고 발전시켜 좀 더 심도 있는 상담 방법에 대해 집필해 볼 예정이다.

　이처럼 이 책은 청소년의 사이버 세계 속 특징에서 시작하여 사이버폭력 문제를 다루고, 거기에 포함된 가해자, 피해자, 목격자를 알고 검사를 통해 측정하며 예방 · 대응하고 상담해 나가는 방향으로 기술되어 있다. 아직 밝혀지지 않은 부분도 많지만 지금까지의 연구와 상담을 통해 만난 청소년들의 경험을 최대한 녹여 집필하고자 노력하였다.

　이 책을 집필할 수 있기까지 감사한 분들이 많다. 우선 사이버폭력이라는 주제로 박사학위논문을 집필할 수 있도록 지적 · 정서적 · 행동적으로 많은 도움을 주신 우리 지도교수님이신 김동일 교수님께 무한한 감사를 전한다. 또한 상담자로 성장해 나가는 데 많은 도움을 주시고 상담이론을 통합하여 내담자에게 다가갈 수 있도록 이끌어 주신 나의 상담모델, 김창대 교수님께도 감사드린다. 그 외에도 항상 책 집필에 대한 스트레스를 다 받아 준 사랑하는 남편 박재현 작가님, 엄마가 식탁에서 책을 쓰고 있으면 옆에 와서 늘 함께 책을 읽어 준 큰아들 박시윤 님, 엄마가 힘들 때면 엄청난 애교로 엄마 마음을 녹여 주는 작은아들 박시완 님에게 고마움과 사랑을 전한다. 마지막으로 부족한 나에게 이 책을 집필하도록 허락해 주신 학지사 김진환 사장님, 게으른 나에게 지속적으로 연락하고 격려해 주신 한승희 부장님, 너무 성실하고 전문적으로 저서 교정과 책 작업을 해 주신 황미나 대리님께도 진심으로 감사를 드린다.

제1장

사이버 세계 속 청소년

중학교 1학년 효원이는 화요일 아침 7시에 눈을 뜨자마자 베개 옆에 있는 스마트폰을 들고 실시간으로 날씨를 확인하면서 음원 사이트에서 좋아하는 BTS의 음악을 재생한다. 클래시 오브 클랜에 접속하여 밤새 쌓인 골드와 엘릭서로 기지의 박격포와 금광 업그레이드를 걸어 놓고, 가입한 클랜의 전쟁 전적 영상 몇 개를 재생해 본 후, 카카오톡을 열어 같은 반 친구 지수와 학교에 같이 가기 위해 아파트 앞 상가에서 만나기로 약속을 한다. 지수와 만난 효원이는 버스 앱을 열어 버스 도착 시간을 확인하고, 버스정거장 앞 편의점에서 친구가 카카오톡 선물하기로 보내 준 바코드로 음료수를 산다. 학교에 도착한 효원이는 스케줄 관리 앱을 통해 오늘 시간표를 확인하고 첫 시간인 사회 수업에서 발표할 자료를 스마트폰에서 교실 컴퓨터로 보낸다. 효원이의 사회 발표에는 각종 인터넷 자료 사이트가 연동되어 있어서 유튜브 동영상과 웹사이트의 내용을 함께 발표할 수 있도록 되어 있다. 하루 수업이 끝난 후 효원이는 이어폰을 끼고 영어학원에서 내 준 영어 스피킹 과제를 핸드폰 앱에 접속하여 완성한다. 영어학원에 가는 버스 안에서 주말에 만나기로 한 초등학교 동창 친구들과 함께 카카오톡에서 같이 볼 영화를 투표한다. 영어학원 수업이 끝난 후 영어단어 외우기 앱을 통해 오늘 외울 영어단어를 마스터하면서 집으로 걸어간다. 집에 도착한 효원이는 저녁식사를 하면서 좋아하는 드라마 클립을 해설해 주는 유명 유튜버의 동영상을 시청하고 느낀 점을 댓글로 남긴 후에 방으로 들어간다. 음원 사이트에서 음악을 들으며 학교 수업 복습을 하고, 관련 자료를 네이버에서 검색해서 다운받은 후 읽는다. 해외연수를 하러 나간 친구와 영상통화를 한 후, 영상통화 장면을 찍어서 클라우드에 저장하고, 침대에 눕는다. 밤 11시가 되어 업데이트된 수요일 웹툰들을 보고 난 후 잠이 든다.

앞의 예시는 중학교 1학년 효원이의 하루를 간단하게 보여 준 내용이다. 효원이의 삶은 더 이상 사이버 세계와 분리되어 있지 않다. 효원이는 학교에서 성적도 상위권이고 친구들도 많으며 선생님에게도 모범적으로 칭찬받는 아이이다. 이는 요즘 청소년들 중 사이버 세계에 빠져 있는 아이들이 문제아나 비행청소년만은 아니라는 점을 보여 준다. 청소년들에게 있어서 스마트폰, 인터넷은 자신의 삶을 살아가고 사람들과 관계를 맺어 나가는 데 있어서 필수적 존재가 된 것이다.

이처럼 ICT(Information and Communications Technologies; 정보통신기술)는 이제 전 세계적으로 급속도로 발전하고 있으며, 우리 생활 한가운데로 깊숙이 들어왔다. 일을 하다가 모르는 정보가 있으면 스마트폰으로 인터넷에 접속하여 검색을 하고, 인터넷 강의를 들으며 공부한다. 여행을 갈 때는 여행 관련 앱에 들어가서 호텔과 비행기를 예약한다. 그 외에도 삶의 거의 모든 부분이 인터넷과 연결되어 있는 시대를 우리는 살아가고 있다. 이러한 현상은 모든 이에게 마음의 준비를 할 여유를 주지 않고 급작스럽게 다가왔다.

이러한 세계 속에서 우리 청소년들은 자기(self)를 어떻게 찾아 나가고 있을까? 어떠한 자기의 모습을 사이버 세계 안에서 발현하고 있는 것일까? 사이버폭력을 살펴보기에 앞서, 먼저 사이버 세계 속 자기의 모습에 대해서 생각해 보고자 한다.

1. 사이버 관계적 자기

사람은 태어나서 발달해 가는 과정 속에서 자기를 발견하고 성장시켜 나가게 된다. 이러한 자기의 발달에 대한 설명은 다양한 이론에서 다양한 관점으로 설명하고 있다. 그중에서 특히 중요한 타자와의 관계를 통해서 자기를 성장시켜 나간다는 철학을 가지고 있는 이론은 대상관계이론이다. 대상관계이론에서는 아이가 세상에 태어나서 처음 만나는 주 양육자, 일반적으로는 엄마와의 관계를 통해서 자기를 알아 가고 성장시켜 나간다고 본다. 아이는 태어나서 자기를 알기 전에 먼저 대상, 중요한 타자에 대해서 인식하게 되는데, 이러한 대상은 아이가 자신을 알아 가게 하는 데 중요한 매개체가 된다. 즉, 처음에는 자기보다는 엄마라는 대상에 대해서 알아 가면서 점점 그 대상이 애정을 주는 자기를 알아차리게 되는 것이다. 또한 이러한 엄마와의 분리-개별화 단계를 거쳐 가면서 점점 대상과의 적정 거리를 찾아가고, 이를 통해 자기의 모습을 확인해 간다. 이 과정에서 가장 중요하게 형성하는 것을 대상항상성과 자기항상성이라고 설명한다. 대상항상성은 내가 만나는 대상을 좋은 대상과 나쁜 대상으로 분열시켜서 구분하는 것이 아니라, 좋은 면과 나쁜 면이 통합된 대상으로 받아들이고, 그 대상이 내 옆에 항상 있어 주지 않더라도 나를 수용해 주고 안정적인 대상이라고 인식하게 되는 것이다. 이러한 대상항상성이 형성되면 자연적으로 자기항상성도 생겨나게 되는데, 이는 자기 자신에 대해서도 좋은 면과 나쁜 면을 통합하여 모두 수용하면서 받아들이는 자세라고 볼 수 있다. 이러한 대상항상성과 자기항상성이 형성된 사람들은 자연적으로 사람들과의 관계에 너무 집착하여 융합하려 하거나 너무 선을 긋고 분리하려 하지 않고, 분리와 개별화의 춤을 추며 자연스럽게 가까워졌다 멀어지는 관계를 만들어 나갈 수 있게 된다. 이러한 관계 맺기는 안정적인 자기를 추구해 나갈 수 있도록 도와준다.

앞에서 설명한 것과 같은 대상관계이론의 관점으로 설명한 자기의 모습을 관계적 자기(relational self)라고 설명한 이론가들이 있다. 사람들 중에 다른 사람의 영향을 전혀 받지 않는 사람은 없으며, 우리의 자기는 복합적인 구조로서 자신과 타인 간의 헤아릴 수 없이 많은 지속적인 영향과 교류를 통해 형성되고, 타인은 사실상 우리 자신의 일부이며, 우리는 모두 서로서로 연결되어 있다고 볼 수 있다(Riviere, 1952: Kernberg, 2005에서 재인용). 따라서 관계적 자기는 상황에 따라 일시적인 자기 조직체를 변증법적으로 구성해 가는 과정에 지속적으로 놓여 있다(Greenberg & Johnson, 1988). 즉, 관계적 자기라는 것은 지속적으로 구성되어 가는 자기라고 생각할 수 있다(Pascual-Leone, 2000; Varela, Thompson, & Rosch, 1991).

대상관계이론에서는 이러한 관계적 자기의 형성과정에서 엄마가 '이만하면 충분한(good-enough) 엄마'(Winnicott, 1953, 1971)의 역할을 해 주면, 자신의 관계적 자기를 안정적으로 확장시켜 나갈 수 있다고 본다. 관계적 자기의 확장을 위해서는 누군가에 대해 '이 사람은 나에게 천사같이 좋은 사람' '이 사람은 완전한 내 편'이라는 마음이나 '이 사람은 정말 나쁜 사람' '이 사람은 나쁜 면만 가지고 있는 사람'이라는 생각을 버릴 필요가 있다. 그보다는 '사람들은 좋은 면과 나쁜 면을 통합적으로 가지고 있다'고 생각하면, 어떤 사람과 관계를 맺더라도 그 만남을 통해 서로의 관계를 변화시켜 나가면서 관계적 자기도 성장시킬 수 있다고 볼 수 있다. 특히 청소년기에는 사회적 관계가 더욱 확장되어 가기 때문에 학교나 지역사회에서 다양한 사람을 만나면서 그 사람들이 가진 자기의 모습과 자신이 가진 자기의 모습이 서로 어우러지며 변화와 성장을 해 나간다. 사람들은 계속해서 만나는 사람들의 자기의 모습을 자신의 관계적 자기의 모습 안에 포함시키면서 자기를 확장시켜 가기도 하며, 관계적 자기의 모습이 상대방의 자기에 동화되기도 하고, 자신의 자기를 조절하며 변화되기도 한다. 이는 Lacan(1977)이 말한 거울 단계, Kohut(1977)이 말한 거울전이와도 유사하다.

그런데 요즈음 청소년들은 거의 대부분의 관계를 사이버 세계 속에서 정립해 나간다고 말해도 과언이 아니다. 앞의 예시에서 볼 수 있듯이, 카카오톡으로 친구들과 대화를 하고, 주요 놀이 문화가 함께 게임을 하는 것이며, 함께 과제를 할 때도 인터넷 정보검색을 함께 해 나간다. 학교에서 친구들과의 주요 화젯거리도 유튜브와 같은 인터넷 세계에서 경험한 동영상이나 웹툰 등이다. 따라서 요즈음 청소년들의 관계적 자기가 성장해 나가는 데 있어서 가장 큰 영향을 미치는 요소가 바로 이 사이버 관계라고 볼 수 있다.

사이버 세계 속에서 맺는 다양한 관계, 즉 실제 세계 속의 친구들과 사이버 세계에서 만나는 친구들을 모두 포함한 사이버 관계들은 청소년들의 자기의 발달에 적극적인 영향을 미친다. 사이버 관계의 모습이 어떠하냐에 따라 청소년들이 대상항상성과 자기항상성을 어떻게 발달시켜 나가는지도 달라질 수 있다. 이렇게 발달해 나가는 자기를 **사이버 관계적 자기**(cyber-relational self)라고 할 수 있을 것이다. 사이버 관계적 자기는 일반적인 관계적 자기와 비슷하거나 겹치는 면도 많이 있지만, 또 그 특성이 매우 다른 면들이 있다. 먼저 사이버 관계를 통해 만나게 되는 대상의 특성을 생각해 본 후, 사이버 관계적 자기의 특성을 정리해 보도록 하겠다.

1) 사이버 관계 대상의 특징

(1) 익명성 대 비익명성

그동안의 인터넷 중독 관련 연구들은 흔히 사이버 세계 속에서 만나는 대상이 익명의 대상이라는 가정하에 진행되어 온 편이다. 그러나 최근에는 사이버 관계가 확장되면서 익명성을 가지지 않은 관계도 굉장히 많이 나타나고 있다. 대표적인 익명의 관계는 익명 채팅방이나 비밀 게시판 등에서 만나는 관계이다. 이러한 익명의 대상은 정말로 그가 누구인지 아무런 정보를 갖지 않은 상태로 관계를 맺을 수밖에 없기 때문에 불특정 인물이된다. 이러한 익명의 대상과 관계를 맺으면 누구인지 모르기 때문에 혼란스럽고 불편할 것으로 생각되지만, 한편으로는 나를모르는 사람이라고 생각하기 때문에 더 쉽게 속 깊은 이야기를나눌 수 있기도 하다. 흔히 익명 게시판에서 정말 친한 친구에게 하지 않았던 이야기까지도 털어놓게 되는 경우가 많은데, 불특정 익명의 대상에게 자신의 속마음을 이야기하면서 편안함을느낄 수 있기 때문이다.

그러나 사이버 관계는 이러한 익명의 대상보다는 최근 들어비익명, 즉 상대가 누군지 알고 관계를 맺는 경우가 더 많아진편이다. 원래 알고 지내는 관계도 사이버상에서 연락을 주고받는 경우가 많을 뿐 아니라, 사이버상에서 처음 알게 된 관계라고 할지라도 서로의 개인적인 정보를 공유하여 익명성을 벗어나는 경우도 많다. 예를 들어, 좋아하는 가수의 인스타그램에댓글을 달면서 알게 된 관계인데 서로 아이디를 주고받고 팔로우를 하며 연락을 주고받는 관계를 생각해 보면, 더 이상 사이버 세계가 익명의 대상만을 만나는 공간은 아니라는 것을 쉽게알 수 있다.

(2) 일시성 대 지속성

처음에는 사이버상에서 맺는 관계는 굉장히 일시적인 관계이며, 잠깐 순간적으로 알게 된 관계라고 생각했던 경우가 많았다. 실제로 사이버상에서 어떤 게시판 글에 댓글을 달면서 사이버폭력을 당할 경우, 폭력을 가하는 가해자와 당하는 피해자는 지속적인 관계가 되기보다는 일시적이고 순간적인 관계가 되기 쉽다.

그러나 사이버 세계가 더 이상 일시적인 놀이공간이 아니라 삶의 굉장히 큰 영역으로 들어오게 되면서, 사이버상의 대상과 지속적인 관계를 맺게 되는 경우도 굉장히 많아졌다. 예를 들어, 전국 각 지역별로 지역 맘카페가 엄청나게 활성화되면서 맘카페에서 서로 육아와 자녀교육 정보를 공유하고 서로 의견을 나누는 경우가 많아졌는데, 여기서 서로 정보를 소통하는 사람들은 일시적인 관계가 아니라 몇 년 또는 몇십 년간 관계를 지속하는 관계가 되기도 한다.

(3) 바운더리 무제한 대 바운더리 제한

대부분의 사이버 관계에서 만나는 대상은 바운더리가 정해져 있지 않은 공간에서 무선적으로 다양하게 만날 수 있는 대상처럼 보인다. 예를 들어, 우리는 사이버상에서 전 세계 어느 나라, 어느 지역의 사람들도 만날 수 있다. 한동안 인기 있었던 한 스마트폰 앱에서는 자신의 사진을 등록하고 전 세계에서 등록한 사람들 사진과 일대일로 매칭하여 이상형 올림픽을 진행했다. 앱에 접속한 사용자는 일대일로 매칭된 사진들을 보고 자신이 좀 더 마음에 드는 상대를 선택해 나가면서 최종적으로는 무선적으로 짝지어진 사진들 중 가장 마음에 드는 대상을 선택할 수 있고, 그 대상에게 쪽지를 보내거나 프로필 소개 페이지에 접속할 수 있다. 이러한 앱에서는 전 세계적으로 바운더리 제한 없이 관계를 맺어 나갈 수 있다고 볼 수 있다.

그러나 최근 사이버상에서는 바운더리 제한이 존재하는 공간 속에서 관계를 맺는 경우도 굉장히 많다. 대표적인 예가 대학교 게시판이다. 요즘 대학교 내에 익명 게시판이 있는 경우가 많은데, 이 익명 게시판은 그 대학교의 학생 아이디로 로그인해야만 사용할 수 있는 경우가 대부분이다. 따라서 아무리 익명 게시판에 올라온 글이라고 할지라도 그 학교 학생이라는 제한된 바운더리 내의 대상이 쓴 글임을 충분히 생각할 수 있으며, 댓글들도 마찬가지이다. 이처럼 바운더리의 제한이 있는 경우에는 상호작용의 영향을 더 많이 받을 가능성이 높다는 점에서, 바운더리 제한이 있는지 없는지는 추후에 설명할 사이버폭력에 있어서도 중요한 요소가 될 수 있다. 즉, 학교 익명 게시판에 쓴 자신의 글에 악성 댓글이 달리면, 그 가해자가 누구인지 알 수는 없지만 적어도 같은 대학교 내의 학생이라는 점은 알 수 있기 때문에 주변의 불특정 다수의 시선에 대해 더 두려워할 수 있다.

(4) 상호작용 대 일방성

사이버상의 관계는 대부분 실제 세계의 관계처럼 상호작용이 가능한 대상과의 관계이다. 예를 들어, 페이스북이나 인스타그램과 같은 곳에서는 상대방의 사진이나 게시글에 댓글을 남길 수 있고, 그 댓글에 대해서 다른 사람들도 대댓글을 남기거나 댓글을 쓴 이의 이름이나 아이디를 태그하여 댓글을 남길 수 있다. 이런 경우 서로 같은 시간대에 글을 보고 있으면 채팅방에서 대화를 하듯이 실시간 상호작용을 하면서 댓글을 남기게 되기도 한다. 또한 카카오톡과 같은 메신저 앱에서는 단체채팅방을 만들어 여러 사람이 함께 상호작용을 하기도 한다.

그러나 사이버상의 관계가 일방적으로 이루어지는 경우도 가끔 존재한다. 예를 들어, 사이버폭력 중에 자신의 번호를 남기지 않고 협박 문자를 지속적으로 보내는 경우도 있으며, 이메일의 경우에도 수신이 불가능한 메일 주소로 욕설이나 협박 메일을 보내기도 한다. 이러한 상황에서는 자신에게 협박이나 폭력을 가하는 대상에게 화를 내거나 의사소통을 하는 것이 불가능하며, 일방적으로 그 일을 계속 당해야 한다. 이렇게 일방적인 소통의 경우에는 대상이 존재하기는 하나, 서로 상호작용할 수 있는 대상이 아니기 때문에 답답한 경우가 많이 생길 수 있다.

앞에서 이야기한 것과 같은 사이버 관계로 맺어지는 대상의 특징들은 이들과 관계 맺는 사이버 관계적 자기의 특징에 영향을 미칠 수 있다. 그러면 이러한 내용을 바탕으로 사이버 관계적 자기의 특징을 정리해 보자.

2) 사이버 관계적 자기의 특징

(1) 사이버 관계는 쉽게 형성될 수 있기 때문에 사이버 관계적 자기는 즉각적인 영향을 받는다

실제 세계에서 누군가와 관계를 맺어 나가는 데 일정 시간이 걸린다. 물론 모르는 사람과 처음 만나서도 쉽게 대화를 나누고 쉽게 친밀감을 느끼는 성격을 가진 사람도 있지만, 대부분의 사람이 알지 못하는 사람과 만나면 어색해하고 서로 어느 정도 가까워지기 위해 약간 귀찮을 수도 있는 노력을 하기도 한다. 다가가서 공통 관심사에 대해 말을 붙여 보기도 하고, 질문을 던지기도 하며, 상대방의 표정이나 제스처를 보고 내 말에 어떤 기분을 느끼는지 가늠해 보면서 관계를 시작해 나간다.

그러나 사이버 세계에서는 관계의 시작이 굉장히 즉각적이다. 이는 앞서 설명한 것처럼, 사이버 세계 속 대상이 익명성을 갖고 있거나 아니면 익명성이 없다고 할지라도 상대의 얼굴을 볼 수 없어서 좀 더 편하게 말을 걸 수 있기 때문이라고 생각해 볼 수 있다. 사이버 세계 속에서 사람들은 처음 만나는 사람에게 쉽게 대화를 걸기도 하고, 모르는 사람의 글에 쉽게 '좋아요'를 누르기도 하며, 전혀 모르는 사람의 글에 아주 쉽게 댓글을 남기기도 한다. 실제 세계의 만남이 굉장히 시간이 걸리는 것에 비교할 때, 사이버 세계의 관계는 매우 간편하고 누구나 시도할 수 있는 것이며, 따라서 이 속에서 사람들은 평소 실제 세계에서 보지 못한 자기의 모습을 찾아 나가기도 한다.

이전에 상담한 한 중학교 1학년 내담자는 학교생활 속에서 왕따 문제로 힘들어하는 여학생이었다. 중학교에 처음 들어와서 너무 어색해서 학기 초에 친구들과 인사도 제대로 나누지 못했고, 관계를 맺기 위한 질문도 던지지 못했다. 그러나 이 내담자는 학교 놀이를 하는 스마트폰 게임 속에서 완전히 다른 자기의 모습을 발견하게 되었다. 그 게임 속에서는 전혀 모르는 처음 만나는 친구에게 다가가 말을 걸고, 농담도 던지고, 좋아하는 연예인에 대한 이야기도 서슴지 않고 할 수 있었다. 게임 속에서 만난 친구들은 이 내담자를 굉장히 활발하고 적극적이며 리더십 있는 사람으로 느끼고 있었고, 오프라인에서도 굉장히 만나고 싶어 할 정도로 인기가 많았다. 이 내담자는 스마트폰 중독으로 상담을 받으러 왔지만, 자신은 실제 세계에서보다 스마트폰 세계 속에서 훨씬 더 자기를 성장시켜 나가고 있다고 설명했다. 그리고 그 말은 어느 정도 일리가 있었다.

이 사례에서 볼 수 있듯이, 사람들은 사이버 세계의 가상 관계 속에서 즉각적인 만남을 가질 수 있으며, 이러한 즉각적인 만남은 바로 사이버 관계적 자기의 모습에 영향을 미친다.

(2) 사이버 관계는 끝맺음도 쉽게 할 수 있기 때문에 사이버 관계적 자기는 대상항상성을 유지할 필요가 없을 때가 많다

사이버상에서는 서로 SNS 계정을 팔로우하며 쉽게 친밀한 관계를 만들어 가기도 한다. 또 활동하는 카페에서 서로 굉장히 긴밀하게 정보를 공유하며 가까워지기도 한다. 외로울 때는 함께 채팅으로 이야기하기도 하고, 힘들 때는 사이버상이지만 서로에게 의지가 되어 주기도 한다.

앞서 설명한 대상관계이론에서는 누군가와 이러한 관계를 맺어 나갈 때 우리는 상대에게 실망하기도 하며, 내가 원하는 대상에 대한 이미지가 사실은 그 대상의 진짜 모습과 다를 수도 있다는 점을 강조한다. 사실 모든 경우에 우리가 예상한 대상의 모습과 그 대상의 본모습은 다를 수 있다. 우리는 우리가 바라는 대로 대상표상을 형성해 나가는 경우가 더 많기 때문이다. 그러나 나와 만나는 대상이 설사 내가 생각한 것과 같이 천사가 아닐지라도, 나에게 실망감이나 상처를 줄지라도, 우리는 그 사람이 그동안 보여 준 따뜻한 모습과 친밀감, 애정 등을 생각하면서 그 사람의 좋은 모습과 나쁜 모습을 통합해 나간다. 이러한 통합의 작업은 사실 가슴 아프기도 하고 슬픔을 주는 일이기도 하다. 왜냐면 내가 상상한 그 사람은 세상 어디에도 없다는 점을 수용하는 과정이기 때문이다. 그러나 우리가 주변 사람들을 바라볼 때 이렇게 통합적으로 볼 수 있게 되면, 그 사람들에게 분노하거나 슬퍼하거나 힘들어하지 않게 되고, 점점 더 그 사람의 본모습을 알고 싶어 하며, 그 사람의 본모습과 내 진짜 모습이 교류하기를 바라게 될 것이다. Kohut(1977)은 이러한 부분을 엄마가 아이에게 최적의 좌절을 주고, 그러한 좌절감을 얼마나 잘 공감해 주느냐가 아이가 세상 사람들을 만나면서 사랑스러운 자기를 발달시켜 나가도록 도울 수 있는 부분이라고 설명했다.

그러나 사이버 세계에서 만나는 관계에서는 이러한 슬픔과 좌절감을 버텨 내지 못하는 경우가 많아 보인다. 사이버 관계는 실제 세계의 관계보다 훨씬 더 끝맺음을 하기가 쉬워 보인다. 특히 실제 세계에서는 아는 사이가 아니고 사이버상에서만 아는 사이일 경우는 더욱 그러하다. 페이스북이나 인스타그램의 팔로우는 클릭 한 번으로 취소가 가능하며, 그동안 쓴 글도 삭제 버튼 클릭 한 번으로 다 지워 버릴 수 있다. 대상의 흔적만 지우는 것이 아니라 그 대상과 관계 맺은 자기의 모습까지도 삭제하고 싶다면 탈퇴하고 재가입 절차를 거쳐 아주 간편하게 새로운 자기를 탄생시킬 수 있다.

이러한 환경 속에서 내가 만난 대상의 좋은 점과 나쁜 점을 통합하고 그 사람을 수용하려는 노력을 하는 사람은 그리 많지 않다. 대부분 마음에 안 들면 바로 쉽게 욕을 하고 돌아서거나 아니면 그냥 존재 자체를 지워 버린다. 그리고 새로운 대상을 쉽게 찾을 수 있기 때문에, 괜한 아픈 노력을 할 필요는 별로 없는 것이다. 이러한 부분이 사람들로 하여금 대상에게 굉장히 쉽게 분노하고 쉽게 대상을 버릴 수 있는 자기를 만들어 낸다. 실제 세계 속에서는 친구들과 좋은 관계를 굉장히 노력해서 만들고 자신의 부정적인 마음을 숨기는 사람들도, 사이버 세계에 들어가서는 조금만 화가 나면 공격적 댓글을 남기고 상대를 비방하며 따돌림을 시켜 버리는 사례가 많다.

이는 서로 모르는 사이였다가 사이버 세계에서 처음 알게 된 경우에 더 자주 일어나기도 한다. 그러나 요즘 청소년들은 서로 학교에서 친구가 되더라도 카카오톡과 같은 단체채팅방이나 개인 SNS 또는 밴드와 같은 커뮤니티에서 서로 소통을 많이 하기 때문에 실제 관계가 사이버 세계에서 지속되는 경우도 꽤 많다. 문제는 실제 세계에서 친해진 친구들이 이러한 사이버 세계에서 서로 갈등을 일으키다가 관계가 틀어지는 경우도 굉장히 많다는 점이다. 이는 단지 상대가 사이버 세계 속 대상이기 때문에 쉽게 끊을 수 있다는 이유 때문은 아닐 것이다. 이에 대해서는 아마도 상대방의 얼굴을 직접 보지 않고 상대방이 받는 상처나 부정적 감정의 표정을 직접 보지 못한 채로 싸움을 하게 되면, 더 과격한 표현이 오갈 수 있기 때문인 것으로 보인다. 어쨌든 이처럼 사이버 세계 속에서는 관계를 쉽게 끝맺을 가능성이 높다.

(3) 사이버 관계적 자기는 다양하게 분산되어 파편화될 수 있다

사이버 공간은 굉장히 다양한 영역으로 구성되어 있다. 인터넷 중독의 영역에서 가장 많이 다루어진 게임 부분에서도 게임의 종류에 따라 그 특성이 매우 다르다. 예전에 상담했던 중학교 3학년 남학생 내담자는 굉장히 다른 종류의 게임들을 하는데, 폭력적인 게임에서는 본인이 대장 역할을 하며 리더십을 발휘하고 다른 사람들을 이끌었지만, 댄스 게임에서는 본인이 여자 캐릭터를 가지고 애교를 부리며 남자들을 꾀는 역할을 하였다. 이처럼 요즘 청소년들은 게임에 따라 새롭고 다른 자기의 모습을 보이는 경우가 대부분이다. 또 게임이 아닐지라도 대학교 게시판과 초등학교 동창 친구들 단체채팅방에서 자신이 사용하는 언어나 나누는 이야기들의 내용이 매우 다른 경우도 있다. 물론 실제 세계에서도 사람들은 만나는 대상에 따라 조금씩 다른 자기의 모습을 보여 주고, 조금씩 다른 자기를 발달시켜 나가기는 한다. 그러나 사이버 세계는 실제 세계보다 훨씬 더 다양하고 넓은 영역을 경험할 수 있고, 완전히 현실 속 자기를 숨기는 것도 가능한 경우가 많기 때문에, 사람들은 실제 세계에서보다 훨씬 더 다양하게 분산된 자기를 만들어 간다. 이러한 현상이 심해지면 그 안에서 발견하는 자기의 파편화된 모습에 혼란스러워하기도 한다.

실제로 Zhao, Grasmuck, Martin(2008)은 페이스북에서 정체성을 어떻게 구성해 나가는지에 대한 연구를 진행했다. 이 연구에서 밝혀진 내용을 보면, 사람들은 페이스북에 자신이 희망하는 가능한 자기(possible self)를 투사하기도 하는데, 이 사람들이 진짜 자기(real self)의 모습을 페이스북에 모두 보여 주지는 않는다고 한다. 따라서 사이버 자기가 맺는 관계는 진짜 자기의 관계가 아니게 될 가능성이 높다고 볼 수 있다.

(4) 사이버 관계적 자기는 리셋이 가능하나, 실제 자기에는 여전히 강한 영향을 준다

앞에서 설명했듯이, 사이버상에서 만들어 낸 자기의 모습이 마음에 들지 않거나 그 상태로 만난 대상이 마음에 들지 않으면 사람들은 언제든 쉽게 리셋할 수 있다. 이 부분은 매우 간편하고 편리해 보이며, 마음에 들지 않으면 그 실수를 다 덮어 버리고 새로 시작할 수 있다는 점에서 굉장히 매력적이다. 이러한 사이버 자기의 매력 때문에 사람들이 점점 더 사이버 세계에 빠져든 것도 사실이다.

그러나 내가 리셋해 버린 사이버 관계적 자기는 완전히 사라지는 것일까? 그렇지 않은 것 같다. 내가 상담한 많은 내담자는 사이버 세계에서 만난 대상들에 대한 상처와 본인들이 당한 폭력 때문에 아이디를 삭제하거나 그 커뮤니티에서 탈퇴했다. 그러나 그들에게 남아 있는 상처는 깨끗하게 사라지기는커녕 오히려 더 강렬한 트라우마로 남는 경우가 많았다.

이처럼 사이버 관계적 자기는 표면적으로는 쉽게 지울 수 있지만, 그 관계적 자기는 결국 실제 내 자기의 모습에 여전히 강렬하게 영향을 미치고 실제 세계에서 관계를 맺는 부분에도 영향을 미칠 수 있다. Zhao 등(2008)의 연구에서도 사람들이 페이스북에서 사용하고 있는 자기상은 실제 오프라인에서의 자기에 영향을 미치며, 전체적인 자기상이나 정체성에 영향을 준다고 하였다. 즉, 사이버상에서의 자기를 지워 버릴 수 있다는 것은 어쩌면 착각일 수 있다. 이미 사이버상에 만들어 낸 자기의 모습은 실제 자기의 모습에 지대한 영향을 미치고 있기 때문이다.

멘탈이 강한 어떤 사람들은 왜 사이버 세계에서 당한 폭력으로 괴로워하냐고, 그 사람들은 나를 잘 모르는 사람들이고 내 진짜 모습을 알고 욕을 한 게 아니니 그냥 무시하고 지나가면 된다고 말한다. 그러나 대부분의 사이버폭력 피해 청소년은 익명의 다수가 남긴 댓글에 상처받고 힘들어하며, 그곳에서 물리적으로는 벗어났지만 심리적으로는 벗어나지 못하고 괴로워한다. 이처럼 사이버 관계적 자기는 어쩌면 실제 대상과의 관계에서보다 더 강렬한 이미지를 남기기도 한다.

2. 사이버 세계 속에서 추구하는 욕구

그렇다면 사람들은 사이버 세계 속에서 어떠한 욕구들을 추구해 나가고 있을까? 사람들이 사이버 세계에 빠져드는 것에는 분명 그 안에서 충족시킬 수 있는 부분들이 있기 때문일 것이다. 왜 사람들이 사이버 세계 속에 계속해서 들어가게 되는지를 이해하면 이러한 문화 속에서 일어나는 역작용들을 해결하는 데에도 통찰을 얻을 수 있을 것이다. 여기에서는 청소년과 대학생들이 사이버 세계 속에서 추구하는 욕구들을 살펴보고자 한다.

1) 사이버 세계 속에서 청소년들이 추구하는 욕구

정여주, 이아라, 고영삼, 김한별, 전아영(2017a)은 청소년들이 인터넷을 사용하면서 추구하는 심리내적 욕구들이 무엇인지에 대해서 청소년들을 인터뷰하여 정리하였다. 또한 이후 후속 연구(정여주 외, 2017b)를 통해 사이버 세계 속에서 추구하는 욕구를 10가지로 정리해서 욕구 척도를 개발하였다. 여기서는 이 두 연구에서 나타난 청소년들의 욕구를 요약하여 정리해 보고자 한다.

사이버 세계 속에서 추구하는 청소년들의 10가지 욕구는 온라인 관계 형성, 현실친구 소속인정, 괜찮은 자기 확인, 새로운 자기 경험, 생각과 의견 표현, 정서표현, 정보습득, 스트레스 해소, 게임조작성취, 재미 등의 욕구이다. 이 욕구들의 특징은 〈표 1-1〉과 같이 한국정보화진흥원(2017)이 개발한 ICT 진로적성 프로그램 매뉴얼에 정리되어 있다.

〈표 1-1〉 청소년들의 인터넷 사용 욕구

코드	유형명	특성
O 유형	온라인 관계 형성 (Online relationship)	• 온라인 속 사람들과 친밀한 관계를 형성함 • 익명성을 바탕으로 쉽게 관계를 맺고 끊는 것을 선호함 • 가상현실의 인간관계를 중요시함
B 유형	현실친구 소속인정 (Belonging and acceptance)	• 현실 속 친구들과 더 돈독한 관계를 유지하기 위해 인터넷을 사용함 • 게임이나 SNS, 메신저 등을 통해 또래집단 소속감을 느낌
G 유형	괜찮은 자기 확인 (Good self identification)	• 인터넷을 하면서 자신이 무엇인가를 잘할 수 있는 사람이라는 것을 깨닫고 자랑스러워함 • 자신이 바라는 모습을 온라인 속에서 찾음
N 유형	새로운 자기 경험 (New self experience)	• 온라인에서 자신조차 자각하지 못했던 자아를 드러냄 • 현실 속에서 경험해 보지 못했던 행동을 하기도 하고 동경했던 대상의 모습을 보이기도 함
T 유형	생각과 의견 표현 (Thought expression)	• 사회적 이슈에 대한 자신의 의견 게재, 정보 제공, 기사 댓글 달기 등을 좋아함 • 온라인 속 다양한 사람과 각자의 가치관을 공유하고 토론하는 것을 좋아함

E 유형	정서표현 (Emotion expression)	• 온라인상에서 자신의 긍정적·부정적 마음을 더 수월하게 표출함 • 평소에 하지 못했던 정서적 표현을 인터넷 공간의 익명성, 이모티콘, 사진 등을 활용하여 자연스럽게 표현함
I 유형	정보습득 (Information gathering)	• 온라인상에서 새로운 지식이나 정보를 아는 것에 대한 욕구가 강함 • 최신 트렌드, 강의 등 정보 찾기 등을 즐김
S 유형	스트레스 해소 (Stress reduction)	• 인터넷을 하면서 현재 자신의 심리적·환경적 어려움들을 잊으려고 함 • 현실에서 느끼는 답답함, 짜증스러움, 슬픔 등의 부정적인 감정을 정화함
A 유형	게임조작성취 (Accomplishment in game)	• 게임 속 세상을 자신이 통제하고 원하는 방향으로 움직이며 성취감을 느낌 • 게임에 관한 흥미와 관심도가 높고 게임에 대한 정보를 습득하는 것도 좋아함
F 유형	재미 (Fun)	• 인터넷 사용을 통해 재미를 느끼고자 함 • 기사, 글, 웹툰, 동영상 등을 검색하고 보면서 유쾌한 정서를 얻는 것을 좋아함

출처: 한국정보화진흥원(2017).

[그림 1-1] 청소년들의 인터넷 사용 욕구

또한 이러한 10가지 욕구를 좀 더 유사한 것끼리 묶어 볼 수 있는데, 이는 크게 사이버 자기 추구형, 정서 · 사고 표현형, 현실 추구형, 게임 재미 추구형으로 분류할 수 있다([그림 1–1] 참조).

청소년들이 인터넷 속에서 추구하는 10가지 욕구를 청소년들을 인터뷰한 내용을 바탕으로 자세히 살펴보도록 하자.

(1) 온라인 관계 형성 욕구

청소년들은 인터넷 속에서 쉽게 새로운 사람들을 만나서 관계를 맺으며, 편하게 자신의 마음을 터놓고 친해지기도 한다. 또한 현실 속 친구들보다 더 찐한 유대감을 느끼기도 한다. 서로 얼굴을 알지 못하기 때문에 더 편하게 대할 수 있고, 관계를 쉽게 맺는 만큼 쉽게 끊을 수도 있다. 청소년들은 게임을 하면서 관심사가 같은 사람들과 새롭게 관계를 맺기 시작하고, 인터넷에서는 처음부터 편하게 일상생활 이야기를 꺼내면서 새로운 사람과 만나며, 인기가 많은 유명한 사람들과 알게 되고 관계를 맺는다.

이러한 익명의 가상관계는 청소년들에게 자신을 숨기고 누군가를 만나며, 주변의 시선을 신경 쓰지 않고 자신의 이야기를 나눌 수 있다는 점에서 편안함을 느끼게 한다. 또한 인터넷에서 만난 사람들과는 편안하게 대화하면서 재미있게 게임을 할 수 있고, 상대의 표정을 신경 쓰지 않고 말로만 편안하게 반응할 수 있으며, 모르는 사람이어서 더 유쾌하게 대하게 된다. 이는 온라인 속 관계에 대해서 더 친밀감을 느끼게 하는 요소라고 볼 수 있다. 다음의 인터뷰 내용에서 청소년들이 온라인 속에서 새로운 관계를 어떻게 맺어 가는지를 엿볼 수 있다.

인터넷 하면요. …… 여기 학교 친구들 외에도 재미있는 분도 많고. 몇십억 명이 하는 거잖아요. 그래서 더 많은 사람을 알게 되고, 페이스북 상에서도 인기가 많고 팬들까지 소유하고 있는 일반인들이 계시거든요. 페북스타. 그런 분들 보는 것도 재밌고. 재밌어요.

사람들 리액션 같은 거도 다르고. 잘할 때 웃을 때 유쾌하고…… 실제 친구들이랑 만날 때는 친구 아니면 말을 잘 안 해서 불편해 가지고…… 제 말이 잘 묻히고 할 말만 하니까 싫어할 것 같기도 하고.

현실에서는 그냥 친구들이랑 친하긴 친한데 우리 반 친구들 깊숙한 얘기는 안 하고 아까 얘기했던 온라인에서 만난 친구들이랑은 되게 속 편하게 얘기해요. 그리고 게임에서 만난 친구들은 그냥 안 싸워요. 친하면 친할수록 싸우는데 게임이라는 거리감을 두고 실제로 만나 보지 않는 이상 친하지 않을 거고.

(2) 현실친구 소속인정 욕구

청소년들은 현실에서 사귄 친구들과 바빠서 연락을 잘하지 못하는 상황에서 게임을 하면서 연락이 되거나 친밀감이 더욱 깊어질 수 있으며, 인터넷을 통해 공통 관심 정보를 공유하면서 서로 호감을 더 가지게 되고, 게임 관련 영상을 공유하면서 서로 방법을 알려 주고 친해지며, 페이스북과 같은 SNS에서 더 쉽게 자주 연락을 나눌 수 있어서 인터넷을 사용하게 된다. 이와 같이 기존에 알고 있는 현실 속 친구 관계를 계속해서 유지하고 관계를 심화시키고자 하는 욕구가 인터넷 사용 욕구로 드러났다. 다음의 인터뷰 내용에서 이러한 내용들을 엿볼 수 있다.

> 다른 친구들과 소통을 할 때 사용을 해요. 애들이 글을 올리거나 '좋아요' 누르면 막 편지 쓰듯이…… 그걸 누르면 애들이랑도 얘기가 되고, 페이스북 상에서도 메시지가 있는데 거기서도 애들이랑 많이 얘기를 하는 것 같아요. (중략) 내가 하고 싶어서 하긴 하는데 다른 애들도 많이 해서 더 대화가 잘 되는 거죠. (아, 페이스북에서 했던 일을 가지고 실제에서도 대화를 많이 하게 되는 거예요?) 네. 그리고 제가 느끼기에는 핸드폰이 없는 애들도 있잖아요. 저희도 카톡으로 반톡이 있어요. 그런데 우리 반에 핸드폰 없는 애가 한 명 있는데 걔는 소외돼요. 항상.

(3) 괜찮은 자기 확인 욕구

청소년들은 인터넷을 하면서 괜찮고 성공적인 자기의 모습을 확인하면서 자기 확인의 욕구를 충족시킨다. 자신이 스스로 설정한 목표에 맞추어 실행하고 이를 성과로 확인하였을 때 만족감을 느끼기도 한다. 인터넷을 하면서 자신이 무엇인가를 잘할 수 있는 사람이라는 것을 깨닫기도 하고 자랑스럽게 느끼기도 한다. 게임 레벨을 올리면서 사람들에게 잘했다고 칭찬을 받고, 게임에서 다른 사람들을 도와주면서 관심을 받고, 게임에서 잘

한 사람의 영상이 마지막에 리플레이되는 것을 통해 주목을 받을 수 있으며, 게임 초보들을 도와주면서 인정을 받을 수 있다.

> 레벨이 올라가면…… 거긴 레벨보다는 티어라고 실력이 더…… 내가 잘하니까 인정받거든요……. 친구들도 그렇고…… 같이 게임하는 사람들이 잘한다고 하니까…… 게임할 때 '괜히 했다.' 이렇게 생각 들 때 있는데, 칭찬 들으면 '이 판 해서 다행이다.' 이러고…….

> 음…… 막 제가 더 똑똑해진 느낌, 그리고 이거를 친구들한테 알려 주고 싶은 느낌…….

(4) 새로운 자기 경험 욕구

청소년들은 인터넷 안에서 평소와 다르게 중심이 흔들리지 않는 자신의 모습을 발견하고, 원래 모습과 달리 활발하고 말이 많아지기도 하며, 평소와 달리 자신감을 가지기도 하고, 친구들에게 먼저 다가가서 말을 거는 등 현실에서는 찾을 수 없던 자기의 새로운 면을 발견하기도 하면서 새로운 자신의 모습을 발견하기도 한다. 내가 알지 못했던 새로운 내 모습을 발견하는 것은 인터넷을 통해 충족시킬 수 있는 욕구 중 하나이다.

> 어떤 게임을 할 때는 좀 다른 거 같아요. 학교에서는 욕 많이 하는 편인데, 롤 할 때는 진짜 답답할 때 아니면 상대를 놀려서 더 죽게 할 수도 있고 그래요. 상대 멘탈 흐리게 해요. 근데 상대방이 멘탈 흐리게 해도, 저는 그래도

별로 안 흔들려요.

저는 현실의 성격이랑 다른 거 같아요……. 게임 안에서는 활발한데 실제
로는 조용하고…… 게임을 할 때는 제가 말을 엄청 많이 해요…….

(5) 생각과 의견 표현 욕구

청소년들은 인터넷에서 하고 싶은 의견을 편안하게 내고, 내
가 평소에 어떻게 생각하고 있는지를 많은 사람에게 이야기한
다. 또한 내 생각을 전달하고 사람들에게 피드백을 받고, 사람
들과 어떤 사건에 대해 토론을 하는 것을 즐긴다. 실제로 사람
들과 현실에서 만나서 토론하는 것보다는 인터넷 공간에서 자
신의 의견을 자유롭게 표현하고, 지인들뿐만 아니라 불특정 다
수의 사람에게서 의견을 듣고 교환하는 것을 즐긴다.

게임하는 사람들이 자주 사용하는 커뮤니티가 있는데, 거기서 사람들이
서로 의견도 주고받고 그래요.

카카오스토리에서 그냥 얘기하던 언니들이랑 얘기하면서 어떤 일을 말해
주면 의견도 말해 주고, 어떻게 하면 좋겠다 말해 주고.

(6) 정서표현 욕구

청소년들은 게임을 하면서 폭력적인 말을 하기도 하고, 인터
넷 안에서 화를 다 표현하기도 하며, 사람들을 놀리고 욕을 하

고, 공격적인 말투로 기분 나쁨을 표현하며, 기분 나쁜 일이 있을 때 화풀이를 하는 등 부정적 감정을 자유롭게 표현하면서 욕구를 충족시킨다. 또한 인터넷 안에서 고맙다는 말을 쉽게 하고, 상대방과 공감해 주고 위로를 해 주며, 좋아하는 감정을 이모티콘으로 쉽게 전달하는 등 긍정적인 감정을 자유롭게 표현하면서 정서표현의 욕구를 충족시킨다.

기분이 안 좋을 때는 GTA 들어가서 게임으로 풀어요……. 그땐 폭력적으로 되긴 하지만 시원한 마음이 들어요. 만약에 친구랑 싸웠어요. 그러면 게임으로 기분을 풀고 나서 다시 친하게 지내요. 만약 게임을 안 했다면, 제가 먼저 사과도 안 했을 거고, 계속 그대로 있다가 그대로 끝났겠죠? (중략) 엄마 아빠랑 말이 안 통해서…… 그렇게 화나면 밖에 나가 있거나 게임으로 풀어요.

표정이랑 행동은 모르겠는데 할 말은 다 해요. 짜증 날 때는 외국 욕도 잘하고…… 원래는 욕은 잘 안 하는데 화풀이로 하는 거예요…….

저 말고 남이 글이 올려서 '좋아요'를 달면 제가 또 '좋아요'를 단 거죠. 그러면서 '좋아요' 눌러 줘서 고맙다 이런 이야기를 하고.

서로 그냥 공감해 주기도 좋고 그러면 기분이 좋죠.

(7) 정보습득 욕구

청소년들은 인터넷을 하면서 뉴스를 보고 요즘 일어나는 일들에 관심을 가지며, 이슈가 되는 사건에 대해 사람들이 어떻게 생각하는지 확인하고, 반대되는 의견들을 비교하고 자신의 생각을 정리하는 것을 즐긴다. 또한 인터넷을 하면서 건강 관련 정보들을 검색하고, 맛집을 검색하여 찾아가며, 여행지를 검색해서 미리 확인하고 가는 등 실생활에 유용한 정보들을 얻기도 하고, 진로 관련 영상 등을 보면서 진로에 관한 정보를 얻기도 한다.

> 뉴스가 재미있어요. 북한 것도 그렇고, 우리나라가 어떻게 돌아가는지도 재밌고.

> 그것 말고도 재미있는 정보도 많고, 예를 들자면 청주의 유명한 맛집이 소개된 것도 있고, 먹는 거 만드는 방법도 있고, 먹방 찍는 것도 있고.

> 그냥 게임 같은 거 찾아보거나 정보 알아볼 때는 위키 바로 가요. 게임 스킬…… 게임의 역사라든지 사건이 있었으면 그 사건에 대해서도 올라오고. 그 게임에 관한 거는 다 올라와요. …… 나중에는 게임 속에 있는 그걸 설명해 줘요. 다 설명하는 걸로.

> 음…… 예고 입시 전형 같은 거 알아보고. 저는 ○○예고를 생각하고 있어서. 홈페이지나 입시학원에서도 블로그 같은 데서 찾아보고…….

5학년 때 유튜브 보면서 한번 꿈 관련 동영상 찾아보다가 홍○○ 대표라는 사람을 인터뷰하는 거 봤는데…… 되게 저랑 잘 맞는 거 같고, '한번 도전해보자' 했는데 저랑 잘 맞는 거 같더라구요. 그래서 그렇게 시작하게 되었어요. …… 그 사람이 생각하는 상상력…… 되게 멋있다고 생각했어요.

(8) 스트레스 해소 욕구

게임에서 짜릿한 쾌감과 즐거움을 느끼면서 입시로 인한 고민을 잊기도 하고, 공부하다가 중간중간 기분을 좋게 만들기 위해 게임을 하기도 한다. 또한 부모님에게 혼나고 나서 욕을 하면서 풀거나, 학교에 다녀와서 답답한 마음을 게임을 통해 푸는 등 현실에서 받는 스트레스를 해소하기도 한다.

레벨업보다는 그…… 게임할 때 쾌감…… 공부하는 거보다 재밌으니까 …… 퍼센트 있어서 공격을 했을 때 이길 확률 같은 거…… 그렇게 되면 데미지도 세지고 할 때 더 재미있어지니까.

뭔가 현실은 입시하구 그러는데, 인터넷 거기서는 평화롭게 제작하구 그러니까…… 뭔가 마음이 편해지는. 그냥 일상에서 탈출구?

게임은 언제 하냐면…… 지겹도록 공부만 하다가 게임하면 휴식되고…… 재미를 주기 위해서요……. 나 자신한테……. 그러면 기분이 좀 좋아지거든요……. 계속 공부만 하면 정신에 문제가 있을 거 같아요. 정신건강상 좋은 거 같아요.

(9) 게임조작성취 욕구

게임 속 세상을 자신이 통제하고 원하는 방향으로 움직이며 성취감을 느끼는 유형이다. 게임에 관한 흥미와 관심도가 매우 높고, 이는 단순히 게임을 잘하는 것뿐만 아니라 게임의 역사, 구성, 디자인 등 게임에 대한 정보를 습득하는 것까지를 포괄한다. 다양한 전략을 구상하고 이를 적용하여 경쟁에서 이기는 것을 즐긴다. 혹은 자신이 게임 상황을 조작할 수 있다는 전능감 자체를 좋아하기도 한다.

(10) 재미 욕구

재미 유형은 즐거움을 찾기 위해 인터넷을 활용한다. 자신이 관심 있어 하는 기사나 글을 읽는 것, 유머러스한 내용들을 보는 것에 흥미를 느낀다. 혹은 무료함을 달래기 위해 좋아하는 게임이나 동영상, 웹툰 등을 보는 것이 이에 해당한다. 무언가를 얻기 위해서 인터넷을 사용하기보다는 유쾌한 정서를 느끼려는 목적으로 인터넷을 사용한다.

2) 사이버 세계 속에서 대학생들이 추구하는 욕구

사이버 세계 속에서 추구하는 청소년들의 10가지 욕구는 대학생에게도 그대로 적용될 수 있지만, 중·고등학생과 대학생은 그 특성이 다르기 때문에 욕구 또한 다르게 나타날 수 있다. 이에 따라 정여주, 윤서연, 오정화(2018)는 앞의 연구와 같은 방식으로 대학생들을 인터뷰하여 사이버 세계 속에서 추구하는 욕구에 대해서 찾아보았다.

이 연구의 참여자는 인터넷을 사용하고 있는 대학생들로, 연구자와 심층면접을 하기에 앞서 연구의 목적과 비밀보장 내용에 대한 설명을 듣고 연구 참여에 동의한 13명으로 선정하였다. 연구 참여자들은 충청도 H 대학교의 재학생들로 총 13명이었다. 참여자의 연령은 20세부터 21세까지였으며, 성별로는 여학생은 10명(77%), 남학생은 3명(23%)이었다. 연구 결과 나타난 대학생들의 욕구를 다음에서 요약하여 정리해 보고자 한다.

(1) 대학생활의 무료함 해소 욕구

청소년과 달리 갑자기 여유 시간이 늘어난 대학생들은 스마트폰을 사용하여 지루한 시간을 달래거나 무엇인가 해야 할 거리를 만들어 내어 이를 수행하며 대학생활의 무료함을 해소하기도 한다. 심심하고 무료한 순간이 되면 자연스럽게 재밋거리를 찾아서 유튜브를 열기도 하고, 특별히 깊은 주의를 기울이지 않으면서 주변 사람들은 어떤 생각을 하고 어떻게 살고 있는지 기웃거리곤 한다.

> 페북은…… 그냥…… 시간 때우기용…… 같아요. 드라마는 봐야지 하고 보는데…… 페북은…… 시간 나면…… 할 거 없으니까…… 페북이나 들어가서 그냥…… 구경하고…… 그러고…… 끝나는 거 같아요.

그냥 핸드폰으로 할 게 없으니까 그냥…… 애들 올리는 사진이나 이렇게 구경하면서 시간을 보내서 재밌다고 느끼는 것 같아요. (중략) 그러니까 뭔가 할 거리가 생긴 거잖아요. 뭐 학교를 끝나고 게임을 하면서, 뭐 과자를 먹으면서 게임을 해야 되겠다 하면서 되게 행복감이 들 때도 있었고 그랬어요…….

(2) 스트레스 치유 욕구

또 많은 대학생은 외롭거나 일 또는 과제로 지칠 때 이러한 부정적 정서를 해결하면서 스트레스에서 벗어나고자 하고 안정감을 얻으려고 스마트폰 속으로 들어가곤 한다. 고민이나 스트레스가 있을 때 아무 생각 없이 인터넷을 하다 보면 고민을 잊고 시간을 흘려보낼 수 있고, 정서적 안정을 얻기도 한다.

게임을 하면…… 그냥 아무 생각이 안 들더라고요. 그래서 약간…… 뭔가 잊고 싶을 때 그럴 때 했던 것 같은데…… 그냥 뭐…… 예를 들면, 과제가 있는데 과제를 하기 싫고 막 이럴 때? 과제 걱정을 하다가 계속 게임을 하면 아무 생각이 안 들어서…….

약간 외롭기도 하고…… 너무 초라한 거예요……. 좀…… 아…… 겨우 열아홉 살인데 난 왜 여기서 이러고 있지? 처음 유튜브 들었는데…… 좀 약간 기분 환기도 되고…… '헐 좋다' 그러면서…….

(3) 유쾌함과 활력 추구 욕구

대학생들은 웃긴 내용의 사진이나 동영상, 귀여운 동물 사진 등을 찾아보거나, 이어서 볼 수 있는 관련된 콘텐츠를 살펴보면서 즐거워하고 웃음을 얻기도 한다. 또한 인터넷을 하면서 뭔가 할 일이 생겼다는 느낌이 들어 좀 더 행복감을 느끼거나 삶의 활력을 얻기도 한다.

> 인터넷으로…… 음…… 그냥…… 웃긴…… 웃긴…… 동영상? 자료? 그런 거를 SNS…… 페이스북에 올라오는 것 보고 웃기도 하고…….

(4) 현실 속 대인관계 심화 욕구

청소년들의 욕구에서도 나타난 현실관계 심화 욕구와 비슷하게, 대학생들 또한 인터넷에서 친구의 근황을 확인하거나, 실제 소통의 기회를 마련하여 관계를 유지하기도 하고, 인터넷을 통해 얻은 화젯거리들을 사용하여 교류하기도 하며, 또한 함께 게임을 하는 활동을 통해 즐거움을 나누면서 현실 속 대인관계를 좀 더 깊게 만들고자 한다. 현실 속 대인관계 안에서의 교류를 심화하고 싶은 욕구는 인터넷을 통해 관계를 형성·유지하는 모습이기는 하지만, 가상세계에서 새롭게 맺는 관계와는 드러나는 관계 양상이 다르고, 다음과 같이 원하는 욕구나 바람이 대학생들의 특성에 따라 다르기도 하다.

> 그냥…… 그 중학교 때 친구들이 이제…… 막…… 가끔씩 게시물 올리

는 애들도 있고…… 이제 대학교 다 들어갔으니까 대학교 같은 거도 올려놓거든요, 프로필에. 그래 갖고 보면서 '아, 얘 여기 갔네. 잘 갔네.' 이런 것도 보고…… 게시물 올리는 거 보고 예뻐졌다 이런 생각도 들고…… 그런 거 구경하는 게 재밌어요. 사람들 구경하는 게…….

평소에 그런 이야기를 나누지 못했던 것들을 직접 그나마 볼 수 있어서 되게 도움을 많이 얻었던 것 같아요. 그래서 SNS에 올라온 것들을 보고 정말 오랜만에 만났을 때 "너 저번에 이런이런 거 했더라. 되게 되게 좋아 보였어." 이러면서 약간…… 이렇게…… 관심이 있었다는 것을 보여 주는 요소였어서…….

새로 룸메이트를 다 만났는데…… 다 하는 거예요 페북을…… 너네도 보라고 하면서 태그 해 놓고 같이 보면…… 뭔가 더 친해지는 거 같은 느낌, 그런 거 들었어요. 같이 보고 웃으면서…….

(5) 대학생활의 편리함과 정보습득 욕구

대학생들은 시공간적으로 효율성을 높여 편리하게 생활할 수 있고, 대학생활 편의와 관련된 다양한 정보를 얻을 수 있으며, 관심 주제나 과제에 대한 지식적 정보를 얻고자 하는 욕구로 인터넷을 사용하기도 한다. 청소년들이 인터넷을 통해 얻는 정보는 진로, 대학입시와 같은 것들이 많지만, 대학생들은 일반적인 생활의 편의와 관련된 것이 좀 더 많아 보인다.

무슨 과제나…… 조별 과제 이런 거 생겼을 때 단톡 파 가지고 따로 안 만나고 거기서 의견 나누면 되니까 그런 점도 굉장히 편리하다고 생각해요.

전시 정보나, 네……. 어디를 갔는데 전시 평가 이런 것도 좀 볼 수 있고, 영화 같은 거 볼 때도 평점 다 보고 가잖아요. 그런 거?

그냥 저는 정치 뉴스를 되게 좋아해서…… 정치적인 뉴스를 보면서 '아, 이런 내용들이…… 요즘 있구나.' 어떤 정치적인 게 시행되는지…… 그래서 조금 그런 것들…….

(6) 새로운 인물·상황에 대한 간접 경험 욕구

대학생들은 인터넷 속에 있는 새로운 인물을 통해 대리만족을 하며, 인터넷 속 상황이나 장면을 간접 경험해 보고 싶다는 욕구로 인터넷을 사용하기도 한다. 간접 경험이기는 하지만 좀 더 의미 있고 강한 인상으로 남을 수 있는 경험도 있으며, 대학생들은 자신의 모습을 그러한 간접 경험 가운데 더 투영하기도 한다.

네……. 아, 추는 것도 좋은데…… 이제 학교라는 공간에 있다 보니까 …… 제가 뭐 동아리를 따로 하는 건 아니라서…… 제가 출 기회도 없고 출 공간도 없다 보니까 그냥…… 그걸 보면서 대리만족하는…….

나도 여행 가고 싶었는데 여행을 못 갔는데, 동영상 보니까 브이로그 여행을 가면서 브이로그를 찍었다 그러면 간접 체험하면서 '아, 나도 다음에 여행 갔을 때 저렇게 한번 해 봐야겠다.' 이런 거 하려고⋯⋯ 간접 경험 위해서 많이 하는 것 같아요.

(7) 예술적 체험 욕구

대학생들은 인터넷을 하면서 음악을 들으며 청각적으로 만족을 느끼거나, 아름다운 것을 보며 시각적으로 만족을 얻으려는 욕구를 가지고 있다. 언어적으로 나누어지는 것 이상으로 즐거워하고 행복해하는 모습들이 표정이나 그들의 경험 안에서 드러나기도 한다.

제일⋯⋯ 뭔가⋯⋯ 사실 노래 듣는 건 그냥 가만히 있으면 되잖아요. 계속 귀로 들어오니까⋯⋯ 편안해서 그런가? 아무튼 근데⋯⋯ 약간 노래 들으면⋯⋯ 기분이 좋아져요 그냥⋯⋯. 그래서⋯⋯.

아⋯⋯ 그냥 막 이제 군무 같은 거는 딱딱딱 떨어지면 되게 멋있잖아요. 그래서 멋있는 것에 대한 쾌감 같은 거? 그러고⋯⋯ 그냥⋯⋯ 막 이제⋯⋯ 춤선이 막 예쁘거나 그러면⋯⋯ '몸매도 되게 좋다' 이러면서⋯⋯ 계속 보게 되는 것 같고⋯⋯.

(8) 자기표현 시도와 교류 욕구

대학생들은 인터넷 속에서 자기를 표현하고 꼭 현실에서 아는 사람이 아니더라도 타인과 교류하고자 하는 욕구를 가지고 있다. 자신의 현재 상황을 보여 주거나, 관심 주제를 표현하고 사람들의 반응을 나누며, 공감을 주고받고, 응원을 하고, 모델 링을 하며, 현실에서 해 보지 못했던 표현이나 경험을 시도하는 등의 욕구도 온라인을 통해 경험한다.

> 나는 우울하다는 것을 가상세계의 사람들에게도 알려 주고 싶어요. 하하 …… 음…… 물론 아무도 신경은 쓰지 않겠지만 그냥 카톡 프사를 내림으로 써 뭔가 나는 우울하다고 그 사람들한테 말하는 기분이라서…….

> 글 같은 것도 많이 올리는 편이에요. 예를 들면, 짧게…… 짧게 약간…… 소설 같은 걸 쓴다고 해야 되나. …… 사람들이 그래서 뭐…… 이런 글에서 '이 부분은 좋았어요.' 막 이러면서 반응을 해 주잖아요.

> 이야기를 보면서…… 이 사람은 힘들 때 뭐 그냥…… 어떻게 대처했고, 뭐 어떤 인생…… 인생에서 어떤 재밌는 일이 생겼고, 막 어…… 뭐 어떤 어 려움이 생기면 어떻게 그걸 극복해 나가는지 그런 거 보면서 그냥 되게 많은 거 를…… '어, 나도 그래야 되겠다.' 막 이렇게 다짐도 하게 되고 배우고…… .

(9) 몰입과 성취 욕구

대학생들은 웹툰, 영화, 드라마 등의 콘텐츠를 보고 스토리 에 몰입하거나, 게임 내에서의 성취를 얻고 몰입하고자 하는 욕 구로 인터넷을 사용하기도 한다. 몰입과 성취라는 욕구가 게임 뿐만 아니라 다른 인터넷 콘텐츠에서도 나타나며, 특히 현실 세

계 속에서 잘 경험하지 못한 몰입을 인터넷 안에서 경험하기도
한다.

> 막…… 그러니까…… 한자리에서 오래 하는 편이 아니어서 그런 느낌
> 은 딱히 없었던 것 같고…… 그냥…… 한 화 보면…… 다음 화가 궁금해지
> 고…… 다음 화 보면…… 또 그 다음 화 궁금해지고 그러니까…….

> 게임할 때는 1등 하거나 좀 희귀한 캐릭터가 나왔을 때? 모으기 어려운,
> 잘 안 나오는? 그런 거 했을 때나 아니면…… 점수 기록 냈을 때.

  앞에서 살펴본 바와 같이 청소년과 대학생들이 사이버 세계
속에서 추구하는 욕구들은 다양하였다. 다음 장에서는 이러한
사이버 세계 속 자기의 모습 중에서 공격성을 내보이며 폭력으
로 나타나는 경우가 어떠한 경우이며, 그것을 어떻게 정의하고
있는지 살펴보자.

제2장

사이버폭력이란

제1장에서 설명한 것과 같이 사이버 세계 속에서 만들어 가는 사이버 관계적 자기는 여러 가지 특징을 지닌다. 그중에서도 이 장에서 집중해 볼 내용은 바로 사이버 관계적 자기의 공격성에 관한 부분이다. 사이버 세계가 활성화되면서 가장 심각하게 대두되는 문제 중 하나가 바로 사이버폭력이다. 이제 더 이상 폭력은 현실 속에만 존재하지 않는다. 학교폭력의 피해를 입는 학생들은 대부분 인터넷에서도 폭력을 당하고 있고, 그들은 더 이상 숨을 곳이 없어지고 있다. 이러한 상황에서 상담자들이 사이버폭력에 관심을 가지게 되는 것은 너무 당연하다. 이 장에서는 우선 사이버폭력의 정의를 살펴보고, 사이버폭력의 정의에 있어서 고려해야 하는 익명성과 시기, 기간의 문제에 대해서 함께 생각해 보고자 한다.

1. 학교폭력과 사이버폭력

사이버폭력의 정의를 내리기 위한 움직임은 그동안 국내외에서 매우 다양하게 이루어져 왔다. 사이버폭력이라는 언어의 시작은 cyberbullying, 즉 bullying이 사이버 공간에서 일어난 것이라는 의미에서 왔다. 학교폭력, 왕따 연구에서 가장 많이 인용되는 연구자인 Olweus(1993)는 bullying을 연구하면서 가장 중요한 특징으로 고의성, 반복성, 힘의 불균형을 강조한

바 있다. bullying이라는 개념은 국내에서 '학교폭력'이라고 번역되기도 하며, 때에 따라서는 '집단따돌림' '왕따'로 번역되기도 하여 용어가 통일되지 않은 면이 있다. 그러나 분명한 것은 Olweus가 학교 내에서 실제로 일어나는 폭력 현상에 대해서 기술해 왔다는 것이다.

최근 학교 내에서 일어나는 폭력이 더 이상 직접적인 물리적 폭력의 형태로만 일어나는 것이 아니라 핸드폰이나 인터넷을 사용하여 집요하고 심리적인 폭력으로 일어나는 경우가 많아지면서, Olweus의 학교폭력 개념을 사이버 공간으로 확장해서 사용하는 학자들이 많아졌다. Olweus가 강조한 고의성, 반복성, 힘의 불균형 부분에서 사이버폭력을 검토한 학자들은 의견이 분분하기는 하지만, 다음과 같은 특성에 대해서는 대부분 동의하는 편이다.

1) 고의성

학교폭력이 상대를 해하기 위한 고의성에서 시작되었듯이, 사이버폭력 또한 명백한 고의성을 가지는 경우가 많다. 상대를 알고 있으면서 사이버상에서 여러 가지 나쁜 소문을 낸다든가 원치 않는 사진을 유포하는 등 사이버폭력을 가한 경우, 상대에게 상처를 주기 위한 고의적 행동으로 볼 수 있다.

그러나 한편으로 사이버폭력은 학교폭력에 비해 고의성이 약한 경우도 존재한다. 사이버폭력의 가해자가 된 많은 청소년은 자신이 사이버상에서 한 말이나 행동들이 정말 상대방에게 상처가 될 줄 몰랐다고 이야기하기도 한다. 상대방의 표정과 반응이 보이지 않기 때문에 자신이 한 행동이 상대방에게 얼마나 강한 상처를 주는 가해행동이 될지 더 알기 힘들다고 볼 수 있다. 재미로 또는 농담으로 이야기를 던졌지만 이것이 상대방에게 해를 끼쳤다면 이 부분을 고의적인 행위로 볼 수 있을 것인지에 대해서는 좀 더 생각해 볼 필요가 있다. 물론 피해자 입장에서 상처를 받고 힘들어한다면 이 행동은 명백한 사이버폭력이지만, 100% 고의성을 지닌다고 설명하기 어렵기도 하다.

이처럼 고의성의 강도에 있어서는 사이버폭력이 일어난 상황과 가해자와 피해자의 상태에 따라 다를 수 있지만, 그렇다고 해도 사이버폭력이 아무런 고의성 없이 일어났다고 보기는 어렵기 때문에, 사이버폭력 또한 고의성의 특징을 가진다고 말할 수 있을 것이다.

2) 반복성

학교폭력은 그 폭력이 지속적이고 반복적인 형태로 일어날 때 규정하게 된다. 이러한 반복성은 사이버상에서 훨씬 심각하게 일어날 수 있다. 사이버상에서 나타나는 반복성의 특징은 가해자가 행동을 반복적으로 한다는 의미만 포함하는 것이 아니라 가해 상황 자체가 끝나지 않고 익명의 다수에 의해 반복될 수 있다는 의미도 포함한다. 사이버폭력은 가해자 입장에서는 한 번 가해한 것일지라도 그 확장이 매우 빠르고 쉽기 때문에 대부분 반복적인 가해가 되는 경우가 많다.

예를 들어, 중학교 2학년인 한 남학생은 자신과 싸운 친구에 대한 비방글을 다음 아고라 게시판에 올렸다. 이 남학생은 한 번 글을 올리고 속이 시원해지면서 더 이상 글을 더 올린다든가 댓글을 올리는 행위는 하지 않았다. 그러나 이 학생이 올린 글이 베스트 글이 되면서 그 글에는 그 친구를 비방하는 댓글이 3만 개 이상 달리게 되었고, 그 글을 읽게 된 친구는 3만 번 이상의 반복적인 사이버폭력을 당하는 것처럼 느꼈다.

이처럼 사이버폭력의 반복성은 우리의 상상을 초월할 정도로 그 파급력이 매우 크며, 가해자의 의도를 초월하는 경우가 대부분이다. 이러한 경우 가해자는 반복성을 가지고 있지 않았다고 주장하지만, 익명의 수많은 가해자가 덧붙여지면서 피해자에게는 엄청나게 반복적인 폭력이 가해진다.

3) 힘의 불균형

학교폭력이 일어나는 상황에서는 대부분 힘이 세거나 주변 아이들을 움직일 수 있는 파워를 가진 아이가 그렇지 않은 아이에게 폭력을 가하게 된다. 따라서 이 힘의 불균형이라는 요소가 매우 중요하게 부각되곤 한다.

그런데 사이버폭력에서는 이 부분에 대한 논란이 많은 편이다. 사이버상에서의 피해자는 어떻게 보면 가해자와 동등한 환경에 놓인다고 볼 수도 있기 때문이다. 피해자가 가해자에게서 사이버폭력을 당했다면, 피해자 또한 똑같은 방식으로 아니면 더 강한 방식으로 복수하는 것이 매우 쉽다. 현실 세계에서 실제 육체적 힘이 약한 경우에는 이러한 복수가 어렵지만, 사이버상에서는 새로운 자기의 모습을 만들어 낼 수 있고 또 익명의 다양한 자기의 모습을 생성할 수 있기 때문에 힘의 불균형이 있다고 보기 힘들다고 주장하는 사람들도 있다.

그렇지만 사이버 세계에도 힘의 불균형은 존재할 수 있다. 실제 세계처럼 단순히 육체적 힘의 불균형은 아니지만, 사이버 세계 속에서 영향력을 가진 사람이나 사이버 세계를 좀 더 쉽게 자신의 편으로 움직일 수 있는 사람은 존재한다. 예를 들어, 친한 친구들 단체채팅방을 여러 개 가지고 있는 사람, 수만 명이 드나드는 커뮤니티를 운영하는 사람, 다른 사람들을 비방하는 것을 좋아하는 무리와 함께 손을 잡고 있는 사람들은 좀 더 쉽게 사이버폭력을 가할 수 있고, 자신에게 그러한 폭력이 가해졌을 때 좀 더 쉽게 복수할 수 있을 것이다. 그러나 사이버상에서 활동을 자주 하지 않고, 그 안의 커뮤니티에 가입되어 있지 않은 사람은 사이버폭력에 있어서 약자가 될 수밖에 없다. 이처럼 실제 세계와는 좀 다른 형태이지만 사이버 세계에도 힘의 불균형이란 존재할 수 있으며, 이러한 힘의 불균형으로 인해 일어나는 폭력을 사이버폭력이라고 볼 수 있다.

또한 익명성 그 자체가 힘의 불균형을 의미한다고 해석하는 학자들도 있다(Smith, 2019).

2. 사이버폭력의 정의

사이버폭력이라는 단어는 국외에서 처음에는 다양한 단어로 사용되었다. cyberbullying이라는 단어가 최근에는 가장 많이 공통적으로 사용되고 있으나, 초기에는 cybervictimization, cyber harrassment, cyber violence, cyberstalking 등 다양한 단어가 사용되었으며, 명확하게 그 차이를 구분하여 제시하고 있지는 않다. 이 책에서는 이러한 모든 단어를 포괄하여 최근에 학자들이 제시하고 있는 사이버폭력(cyberbullying)의 정의를 살펴보고자 한다.

사이버폭력의 정의에 대한 국외 연구들의 가장 큰 특징은 학교폭력(bullying)에 관한 이론에 기반을 두고 있다는 것이다. 사이버폭력을 cyberbullying이라는 단어로 표현한 것도 bullying의 영향을 받았다고 볼 수 있다. 그러나 우리나라에서는 기존의 bullying이라는 단어를 '집단따돌림'으로 번역하여 사용해 왔기 때문에, 처음에는 cyberbullying이라는 단어를 '사이버폭력'이라는 단어로 번역하는 것에 대해서 전문가들의 의견이 엇갈리기도 했었다. 해외의 bullying 관련 연구들을 살펴보면, 단순히 우리나라에서 이야기하는 협소한 의미의 집단따돌림뿐만 아니라, bullying 예방 프로그램들의 내용 안에서 학교폭력 전반의 문제를 다루고 있는 것을 알 수 있다. 따라서 cyberbullying 또한 사이버상에서 이루어지는 폭력 전반을 포함하고 있으며, 오

히려 따돌림은 사이버폭력의 한 유형으로 설명하고 있는 것을
알 수 있다. cyberbullying이라는 단어를 우리나라 말로 번역할
때 사이버 따돌림이나 사이버 집단따돌림보다는 사이버폭력이
라는 용어가 더 적합하다고 볼 수 있을 것이다.

　사이버폭력(cyberbullying)이라는 용어는 기존의 학교폭력 연
구의 선두 주자인 Olweus(1993)가 휴대폰이나 인터넷과 같은
정보통신기기를 사용하여 학교폭력을 일으키는 것을 염두에 두
고 제시한 것이다. 따라서 학교폭력과 마찬가지로 고의성, 반복
성, 힘의 불균형으로 구성되며, 이 중 힘의 불균형은 거의 언급
되지 않아 주로 고의성과 반복성이 정의에 포함되어 있다. 이에
대해서는 앞에서 구체적으로 이야기했으므로, 그 외의 정의에
대해서 좀 더 살펴보고자 한다.

　Smith 등(2008)은 사이버폭력에 대한 학자들의 연구가 나오
는 초기에 사이버폭력에 대한 정의를 다음과 같이 제시하였고,
많은 학자가 이 정의에 따라서 연구를 진행하였다.

> 서로 연락 가능한 전자기기의 형태를 사용하여, 쉽게 자신을 방어할 수
> 없는 피해자에게 반복적이고 지속적으로 개인 또는 집단에 의해 행해지는
> 고의적인 공격(Smith et al., 2008)

　이 정의를 살펴보면 역시 Olweus가 제시한 고의성, 반복성,
힘의 불균형의 개념이 포함되어 있다고 볼 수 있다. 그러나 이
러한 정의에 대해서 새 포도주를 헌 부대에 넣는 방식이라고 여

러 학자가 비판하면서 사이버폭력에 대한 새로운 정의가 필요하다고 강조하기도 했다.

한편, 사이버폭력에 대한 굉장히 많은 초창기 연구를 진행한 Patchin과 Hinduja(2015)는 『사이버 폭력 앞의 아이들: 청소년을 위한 사이버 불링 대응 매뉴얼(Words wound: Delete cyberbullying and make kindness go viral)』이라는 책에서 사이버폭력을 다음과 같이 정의하고 있다. 이 정의는 피해자가 꼭 힘의 불균형에 놓여 있다기보다는 어떤 상황의 피해자이건, 그리고 반드시 공격적 고의성 없이 놀리는 상황인 경우라도 사이버폭력에 포함될 수 있다는 점을 시사하고 있다.

> 온라인상에서 또는 스마트폰이나 다른 전자기기를 통해 다른 사람을 반복적으로 괴롭히거나 학대하거나 놀리는 것(Patchin & Hinduja, 2015)

마지막으로, 국내에서도 사이버폭력 문제가 심각해짐에 따라 김소아 등(2021)은 교육개발원에서 사이버폭력 가이드라인 개발 연구를 진행했으며, 이 연구에서 사이버폭력의 정의와 유형에 대해 사이버폭력 관련 각 학계 전문가들의 의견을 수렴하는 델파이 조사를 실시하였다. 그 결과 사이버폭력 정의를 다음과 같이 제시하였으며 이 정의가 국내에서는 많이 사용되고 있다. 여기서는 사이버폭력이 학교폭력 법률에 속하는 것을 감안하여 학생을 대상으로 일어나는 문제로 한정 짓고 있으며, 다양한 유형의 사이버폭력 유형을 포함하여 정의 내리고 있다.

> 사이버폭력이란 학생을 대상으로 스마트 기기, PC 등의 정보통신기기를 이용하여 정보통신망에서 명예훼손, 모욕, 공갈, 강요 등 상대방에게 고통, 불쾌감을 주는 행위 또는 이런 내용물을 전파, 재생산하는 행위를 의미한다.

학자들은 이러한 사이버폭력을 정의할 때 고려해야 하는 사항으로 다양한 내용을 제시하고 있다. 익명성이 있는지, 사이버폭력을 당한 기간이 어느 정도인지 등에 따라 그 폭력의 피해 양상이 달라질 수 있으므로 이러한 부분들을 살펴보아야 하는데, 이 내용을 다음과 같이 요약해 보았다.

1) 익명성

사이버폭력에 관해 연구한 많은 학자는 사이버 세계가 익명성을 가지고 있다는 점이 사이버폭력에 중요한 역할을 한다고 제시한다(Huang & Chou, 2010; Katzer, Fetchenhauer, & Belschak, 2009; Kowalski & Limber, 2007; Li, 2007a; Mishna, Cook, Gadalla, Daciuk, & Solomon, 2010; Ortega, Elipe, Mora-Merchán, Calmaestra, & Vega, 2009; Willard, 2007; Ybarra & Mitchell, 2004). 그러나 사이버폭력은 반드시 익명의 상황에서만 벌어지는 것은 아니다. 특히 우리나라 청소년들의 사이버폭력 사례를 보면 굉장히 많은 부분이 카카오톡 공간 안에서 이루어지는데, 카카오톡의 특성상 상대가 누구인지 알고 있는 경우가 대부분이고, 누구인지 모르더라도 상대의 아이디는 알 수 있기 때문에 익명성

이 있는 공간이라고 보기 힘들다. 따라서 같은 사이버폭력이기
는 하나, 익명성이 존재하느냐 아니냐에 따라 다른 폭력 양상이
나타날 수 있다.

Baht(2008)과 Tokunaga(2010)의 사이버폭력에 관한 리뷰 연
구에서도 이러한 익명성의 문제를 제기했는데, 사이버폭력에서
피해자가 가해자를 알고 있는 경우를 제시한 기존 문헌들을 소
개하면서 이러한 경우 개념의 구분이 필요하다고 주장하였다.

이러한 의견에 따라 가해자의 익명성이 존재했는지에 대
해서 설문을 통해 미리 확인한 연구들이 있었다. Ybarra와
Mitchell(2004)의 연구를 예를 들어 살펴보면, 가해자 중 84%가
피해자를 알고 있다고 응답하였고, 피해자 중 31%만이 가해자
를 알고 있다고 응답하였다. Li(2007a) 또한 피해자가 가해자를
알고 있는지의 여부를 확인하였는데, 학교 친구에게서 사이버
폭력을 경험했다고 밝힌 학생들이 31.8%, 학교 밖 사람에게서
학교폭력을 경험했다고 이야기한 학생들이 11.4%였고, 40.9%
는 가해자를 알지 못한다고 하였다. 이후 여러 연구에서도 가
해자의 익명성 여부를 확인하는 연구가 진행되어 왔다(Calvete,
Orue, Estévez, Villardón, & Padilla, 2010).

가해자의 익명성 여부를 살펴보면, 국내 연구에서도 대부분
익명성을 사이버 공간의 특성으로 바라보면서 사이버폭력이 나
타나게 되는 주요 이유로 설명하고 있다(김계원, 서진완, 2009; 박
무원, 2011; 박종현, 2008; 성동규, 김도희, 이윤석, 임성원, 2006; 유
상미, 김미량, 2011; 정완, 2005; 정철호, 2009). 국내 연구에서 가해

자의 익명 여부를 확인한 연구는 4편에 불과했으며, 가해자에 아는 사람이 포함될 가능성을 거의 탐색하지 않거나, 가능성을 생각하더라도 이 부분을 연구에서 확인하지 않고 오히려 모르는 사람들을 가해자로 상정한 경우가 더 많았다. 가해자의 익명 여부를 확인한 연구는 송종규(2005), 성동규 등(2006), 김경은 (2013)의 연구였는데, 성동규 등(2006)의 연구에 따르면 사이버 명예훼손과 프라이버시 침해/신상정보 유출 유목에서 가해자 비율 중 31.4%가 친구라는 응답이 나왔다. 이는 학교폭력이 인터넷 공간을 매개로 해서 일어날 가능성을 시사하는 것으로, 실생활에서의 갈등이 인터넷으로 전이된 경우로 볼 수 있다. 특히 김경은(2013)은 사이버폭력에 관계적인 속성이 바탕이 되는 사이버폭력이 존재하므로 특정인에 대한 사이버폭력과 불특정인에 대한 사이버폭력을 구분하여 바라볼 것을 제시하였으며, 실제로 이 두 가지 현상에 영향을 미치는 요인들을 탐색하였다.

하지만 가해자와의 관계를 연구상에서 탐색하지 않은 경우에도 사례나 유형을 통하여 가해자를 아는 경우도 포함하는 경우가 많았으나, 이를 개념적으로 구분할 필요성까지 이르지는 못하였다. 사이버폭력의 유형 중 사이버 명예훼손의 경우에는 가해자가 '자신이 아는 특정인'에게 피해를 줄 고의성을 가지고 행동을 하는 경우가 많아 아는 관계를 기반으로 발생하는 경우를 사례 속에서 제시하거나 연구상에서 언급한 경우가 많았다. 예를 들어, 자신을 이용하고 버린 연인에 대한 복수로 연인이 만나는 남자의 홈페이지에 '깊은 관계였다'는 내용의 글을 남기거나 '청부살인하겠다'는 협박성 문자를 보내는 것과 같은 경우(곽영길, 2009), 포털 사이트에 신상을 공개하는 경우(정완, 2005) 등이 해당될 수 있다. 천정웅(2000)의 연구에서 제시된 'S여중 폭력사건'은 다른 사람의 아이디로 글을 올린 사건으로 온라인과 오프라인의 관계가 모두 연결된 사건이다. 이러한 사건은 단순히 사이버상의 특성으로만 개입하고 해결할 수 없는 일이다. 사이버 스토킹의 경우에도 마찬가지로 일상의 행위가 인터넷이라는 매체를 통해서 확장된 경우로 볼 수 있을 것이다. 국내 연구에서는 사이버폭력을 학교라는 장면보다는 더 넓은 관점에서 바라보고 있어, 아는 관계보다는 모르는 관계를 상정한 경우가 많았으나, 유형의 종류를 구체적으로 생각할 때는 오프라인상의 관계가 확장되어 발생한 경우를 함께 포함하고 있었다.

2) 사이버폭력 기간

사이버폭력에 관한 연구를 진행하다 보면, 언제부터 사이버폭력을 당한 것을 포함해야 하는지에 대한 고민이 생긴다. 기존 연구들을 살펴보면, 사이버폭력에 대한 경험을 측정하기 위해 최근 2개월(Ortega et al., 2009)이나 3개월(조아라, 이정윤, 2010)의 경험을 묻는 경우, 6개월(König, Gollwitzer, & Steffgen, 2010; Mura, Topcu, Erdur-Baker, & Diamantini, 2011)이나 1년(이성식, 2006; Wolak, Mitchell, & Finkelhor, 2007; Ybarra & Mitchell, 2004)의 기간 동안 경험한 횟수를 묻는 경우, 기간을 정하지 않고 경험만을 탐색(Dilmac, 2009; Gradinger, Strohmeier, & Spiel, 2009; Li, 2007a; Reeckman & Cannard, 2009)하는 경우 등이 있었다. 이는 어느 정도 기간 동안 사이버폭력을 당해 왔는지, 또 최근에 당한 것인지에 따라 그 피해의 정도가 다를 수 있다고 보는 가정에 의한 것이다.

그러나 또 최근에는 언제 사이버폭력을 당했고, 어느 정도의 기간 동안 당했는지가 중요하다기보다, 어느 정도의 강도로 영향을 받았고, 그 문제가 어느 수준으로 퍼져 나갔는지가 더 문제일 수 있다는 의견도 대두되고 있다. 개인적으로는 사이버폭력에 대한 몇몇 연구를 진행하면서, 1년간 당한 사람이 꼭 최근 3개월간 당한 사람보다 더 심각하지는 않다고 느꼈다. 또 몇 년 전에 사이버폭력을 당했다고 할지라도 그것을 어떻게 받아들였고 그 트라우마가 어느 정도인지에 따라 현재 영향을 받는지가 달라진다는 것을 알 수 있었다. 따라서 연구를 할 때 기간을 한정하고 사이버폭력 여부를 확인하는 것은 오히려 사이버폭력으로 괴로워하는 청소년들을 다 이해하지 못할 수 있다.

제3장

사이버폭력의 유형

1. 사이버폭력 내용에 따른 유형 분류
2. 사이버폭력 공간에 따른 유형 분류

사이버폭력은 사이버폭력이라는 명칭 하나로 정리된 개념이기는 하지만, 사실 그 종류별로 굉장히 다른 특성을 지니기도 한다. 이 장에서는 이처럼 다양한 사이버폭력의 유형을 살펴보고, 그 유형별 특징을 정리해 보고자 한다.

1. 사이버폭력 내용에 따른 유형 분류

사이버폭력의 유형을 생각할 때 가장 많이 사용하는 방식은 어떤 내용의 사이버폭력을 경험했는지에 따라 분류하는 것이다. Mishna, Cook, Gadalla, Daciuk, Solomon(2010)은 이전의 사이버폭력 연구들을 고찰하면서 사이버폭력의 유형을 언어폭력, 폭로, 아이디 숨기기 등으로 구분하였고, Law, Shapka, Hymel, Olson, Waterhouse(2012)는 사이버폭력 경험을 묻고 요인분석을 실시하여, 사이버폭력의 유형을 공격적인 메시지를 보내는 것과 창피를 주는 사진을 올리는 것으로 구분하였다. Huang과 Chou(2010)는 사이버폭력의 유형을 괴롭히기, 웃음거리로 만들기, 소문 퍼뜨리기로 나누었고, Mura, Topcu, Erdur-Baker, Diamantini(2011)는 터키 학생들의 사이버폭력을 연구하면서 그 유형을 온라인상에서 소문내기, 사적인 메시지를 공개하기, 사진을 유포하기, 장난전화하기, 아이디 훔치기, 공격적인 협박 메일이나 문자 보내기, 소셜 네트워크에서 나쁜 이야

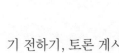

기 전하기, 토론 게시판에서 배제시키기로 구분하였다. 그리고 사이버폭력에 대한 많은 연구를 진행한 Willard(2007)는 사이버 폭력을 내용에 따라 욕설로 싸움하기, 괴롭히기, 명예훼손하기, 다른 사람의 아이디 도용하기, 폭로하기, 사기 치기, 배제시키기, 사이버 공간에서 스토킹하기로 구분하였다.

국내에서는 두경희, 김계현, 정여주(2012)가 사이버폭력에 대한 국내외 연구들을 고찰하면서 사이버폭력의 유형을 언어폭력, 플레이밍, 폭로 · 공개, 소외, 성희롱 · 성폭력, 아이디 도용 · 숨기기, 사기, 스토킹, 해킹으로 구분하였는데, 이 책에서는 이 분류에 따라 그 내용을 예를 들어 상세히 살펴보았다.

1) 언어폭력

언어폭력은 가해자가 피해자에게 공격적인 언어를 사용하여 상대방을 협박하거나 위협하는 것이라고 볼 수 있다. 즉, 상대방에게 공격적인 내용의 문자나 메일을 보내는 것, 상대방을 협박하거나 조롱하는 내용을 보내는 것, 단순한 욕설이나 상대방을 모욕하는 내용을 전달하는 것 등이 여기에 속한다. 실제로 청소년들이 가장 많이 경험한 사이버폭력은 이 언어폭력에 해당하므로 앞으로 사이버상에서 나타나는 언어폭력의 특징에 대한 연구들이 더 이루어질 필요가 있다. 그 예시는 다음과 같다.

중학교 3학년인 미주는 같은 반 여자친구들 4명과 친하게 지냈다. 미주를 포함한 5명은 카카오톡에 단체채팅방을 만들고 실시간으로 서로의 상황이나 생각, 감정 등을 공유하면서 친하게 지냈다. 매 순간 서로의 이야기를 5명이 함께 나누다 보니 가족처럼 친밀하게 느끼곤 했다. 그러나 그중 한 친구와 크게 다툰 이후로 이러한 분위기는 완전히 깨지고 말았다. 다툰 후 마음이 상한 그 친구는 단체채팅방에서 미주에 대한 욕을 하기 시작했고, 미주의 약점을 찾아내서 단체채팅방에서 그것을 이용해 욕설을 퍼붓기 시작했다. 미주는 단체채팅방에서 나가고 싶었지만 다른 친한 친구들 사이에서 소외될 것 같아서 그러지도 못했다. 계속해서 폭력적인 욕설을 들으면서 미주는 너무 충격을 받았고, 어찌해야 할지 몰라서 괴로웠다.

2) 플레이밍

플레이밍은 인터넷 공간 속에서 서로 잘 알지 못하는 2명 이상의 사람들 사이에서 짧고 뜨겁게 일어나는 싸움을 의미한다. 일반적으로는 채팅방이나 토론 게시판과 같이 공개된 장소에서 많이 일어나는 편이다. 처음에는 두 사람 간의 싸움으로 시작될지라도 다른 사람들이 이 싸움에 동참하게 되면서 큰 싸움으로 번져 나가기도 하고, 서로 욕하고 다시 욕하는 싸움으로 커져 나가서, 결국 누가 가해자이고 누가 피해자인지조차 명확하지 않게 되는 경우도 많다. 그러나 그 공간 안에서 이러한 플레이밍을 경험한 사람들은 마음속에 상처가 남고 분노하기도 한다.

사실 플레이밍은 공적인 공간에서 큰 싸움으로 번져 나간다는 특성만 다를 뿐, 언어폭력으로 이루어지는 경우가 많기 때

문에, 일부 학자는 언어폭력의 한 형태로 유형을 분류하기도 한
다. 그러나 플레이밍은 일반적인 언어폭력과는 조금 다르게 많
은 사람이 볼 수 있는 공적인 공간에서 이루어지며, 서로 잘 알
지 못하면서도 과격한 말들이 오고 가게 되고, 주변인들 또한
함께 동참하여 폭력을 경험하고 일으킬 수 있다는 점에서 독특
한 특색이 있으므로, 플레이밍을 사이버폭력의 한 유형으로 구
분하여 그 특성을 살펴보는 것은 의미 있을 것이다.

　　고등학교 1학년인 상미는 아이돌 그룹 B를 좋아하여 팬클럽에 가입하였
다. 팬클럽 활동을 하면서 자신이 좋아하는 가수의 사진도 올리고 근황도
보면서 즐거워했다. 그러던 어느 날 B의 한 멤버가 구설수에 휘말리면서 비
방성 기사들이 많아지기 시작하자, 상미는 그러한 기사에 댓글로 자신의 의
견을 개진하며 B 멤버를 옹호하기 시작했다. 좋아하는 가수를 위해서 당연
한 일을 했다고 생각하며 잠이 들었지만, 다음날 아침 상미는 엄청나게 많
은 댓글에 충격을 받았다. 자신이 남긴 글 밑에는 빠순이라느니, 가수를 좋
아해서 멍청이가 되었다는 등 자신을 알지도 못하면서 비방하는 댓글들과
심지어 "너희 엄마 XXX이지?" 등의 가족을 욕하는 댓글들. 너가 누군지 알
고 있다며 학교로 찾아가서 죽이겠다는 협박성 댓글들이 달려 있었다. 그와
함께 상미의 의견에 동의하는 댓글들도 많이 달려 있었다. 결국 상미는 누
가 남긴 댓글인지도 모르지만 수많은 댓글이 달린 것을 보고 불안이 매우
높아졌으며, 집 밖으로 나가기 힘들어하기 시작했다. 그리고 그 게시판에서
는 상미의 의견에 동조하는 이들과 반대하는 이들 간에 큰 싸움이 벌어지기
시작했다.

3) 폭로 · 공개

폭로 · 공개는 피해자가 사람들에게 알려지기 원하지 않는 사적인 내용이나 소문, 사진 등을 가해자가 많은 사람에게 유포하는 행위라고 볼 수 있다. 신상정보를 찾아내서 많은 사람에게 유포하는 것, 피해자가 말했던 내용이나 적었던 사적인 메시지를 사람들에게 공개하는 것, 피해자가 사람들에게 보여 주기 원하지 않는 사진이나 동영상을 유포하는 것, 명예를 훼손할 수 있는 내용이나 허위사실을 폭로하는 것, 피해자에 대한 인신공격 내용을 사람들에게 알리는 것 등이 있다. 폭로 · 공개는 다양한 척도에서 **명예훼손**이라는 하위척도로 표현되기도 한다. 다음의 예시를 읽어 보면 폭로 · 공개를 좀 더 쉽게 이해할 수 있을 것이다.

중학교 2학년인 수철이는 학교에서 꽤 모범생이었다. 학교 선생님에게 언제나 칭찬을 받으며 학업성적도 우수하고 주변 친구들에게 모범이 되는 아이였다.

그러나 수철이에게도 고민이 있었는데, 그것은 초등학교 6학년 때부터 사귄 여자친구가 있다는 것이었다. 요즘은 여자친구를 일찍 사귀는 것이 문제가 되지는 않지만, 모범생인 수철이는 여자친구가 있다는 사실을 주변에 알리고 싶지 않은 마음이 있었다. 여자친구에게도 사귄다는 사실을 아무에게도 말하지 말라고 부탁했고, 둘은 서로에게 의지가 되어 주며 만남을 지속했다.

둘은 몰래 만나야 했었기 때문에 늘 부모님의 허락을 받고 서로의 집에 가서 같이 간식을 먹으며 공부를 하기도 하고 영화를 보기도 했다. 그러던 어느 날, 수철이가 다니는 학교의 게시판에 충격적인 글이 올라왔다. '전교 1등 수철이의 진실'이라는 제목의 글이었다. 그 글에는 수철이와 여자친구가 같이 손을 잡고 집에 들어가는 옆모습을 찍은 사진이 있었다. 같은 동에 같은 학교 친구들이 많이 살기는 했지만, 누가 이 사진을 찍었고 누가 이 사진을 올렸는지 알 수 없는 수철이는 너무 힘들고 무서웠다.

학교에서 친구들은 수철이에게 다가와 여자친구를 사귀고 있었냐며, 뒤로 호박씨 깐다고 놀리기 시작했고, 친구들은 그냥 재미로 놀리는 것이었지만, 수철이는 깊은 수치심을 느끼기 시작했다. 자신이 감추고 싶었던 것을 들켜 버린 수철이는 학교도 가고 싶지 않고, 모든 주변 사람이 자신을 이상하게 쳐다보는 것 같다는 피해의식에 사로잡히게 되었다.

4) 소외

사이버폭력 중에서 청소년들 사이에서 빈번하게 일어나는 것은 소외이다. 사이버폭력이라고 해서 반드시 폭력성을 띠는 가해만 있는 것이 아니라 소외를 시키는 경우도 있었다. 토론 게시판이나 채팅 등에서 피해자를 의도적으로 제외시키거나 어떤 그룹에서 의도적으로 배제시키는 경우가 여기에 해당한다. 다음의 사례를 보면 소외에 대해서 쉽게 이해할 수 있을 것이다.

미선이는 중학교 2학년이 되어서 처음으로 친하게 지낸 친구 8명과 함께 카카오톡 단체채팅방을 만들었다. 미선이와 친구들은 매일매일 그 단체채팅방에서 연예인 이야기, 드라마 이야기, 콘서트 이야기 등을 나누며 재미있게 지냈다. 친구들과 학교에서 많이 이야기하지 못한 날에도 단체채팅방에서는 늘 화기애애한 이야기들이 오갔으므로 외롭지 않다고 생각했다.

그러다가 학교에서 체육대회가 있었고, 평소 달리기를 잘했던 미선이는 반 대표를 뽑는 달리기 시합에 나가게 되었다. 미선이와 친하게 지내던 친구 현주도 반 대표를 뽑는 시합에 함께 출전했다. 현주는 단체채팅방에서 자신이 반 대표가 꼭 되고 싶다고 이야기했다. 미선이는 자신은 달리기를 그렇게 좋아하지는 않기 때문에 반 대표가 돼도 그만, 안 돼도 그만이라고 말했다.

그러나 다음 날 반 대표 선출 달리기에서 미선이가 1등을 하게 되면서 미선이만 반 대표로 체육대회 릴레이에 출전하게 되었다. 미선이는 현주에게 조금 미안하기는 했지만 자신이 더 빨리 달리기 때문에 어쩔 수 없다고 생각했다.

체육대회가 끝나고, 어느 순간부터인가 미선이는 자신과 친구들이 함께 이야기하던 8명의 단체채팅방에 대화가 거의 없어졌다는 점을 깨달았다. 처음에는 하루에 수백 개의 채팅이 오갔는데, 지금은 일주일에 1건도 올라오지 않았다. 그저 애들끼리 학교에서 이야기를 많이 하게 되어서 그런가 보다고 생각하던 미선이는 어느 날 충격을 받게 되었다. 학교에서 친구랑 이야기하면서 폰을 우연히 보다가 자신만 제외한 7명이 새로운 단체채팅방을 만들어서 대화를 해 왔다는 사실을 알게 되었다. 그저 애들이 카카오톡으로 요즘은 대화를 안 한다고 생각했었는데, 그것이 아니라 자신만 소외시킨 단체채팅방이 새로 만들어진 것이라는 점을 알고 미선이는 크게 충격을 받았다.

5) 성희롱 · 성폭력

성희롱 · 성폭력은 사이버상에서 성희롱 · 성폭력을 가하는 경우인데, 음란한 대화를 한다든가, 사이버상에서 성폭행을 한다든가, 음란물을 유포한다든가 하는 것 등이 있었다. 청소년들이 가장 많이 경험하는 성희롱 · 성폭력으로는 음란한 동영상이나 사진을 이메일로 전송받거나, 음란 채팅방에 초대되는 것이 있다.

사이버 성희롱 · 성폭력 문제는 최근 N번방 사건에서도 주요한 범죄행위로 다루어진 만큼 사이버폭력의 매우 심각한 형태로 볼 수 있다. 인터넷 그루밍을 통해 청소년을 자신에게 의지하게 만든 후 각종 성범죄를 일삼는 행동은 앞으로 매우 심도 있게 연구되어야 하는 부분이다. 그러나 아직까지는 사이버 성희롱 · 성폭력에 대한 근거 연구나 자료가 매우 부족한 실정이다.

6) 아이디 도용 · 숨기기

아이디 도용 · 숨기기는 상대방의 아이디를 훔치거나 자신의 아이디를 숨기고 다른 사람인 척하는 것이다. 이처럼 다른 사람의 아이디를 도용하여 자기가 그 사람인 척하는 것은 「개인정보 보호법」에도 저촉되는 내용이며, 자기가 다른 사람인 척하는 것은 법적인 문제의 여지가 많다. 그러나 아이디 도용은 청소년들 사이에서는 가해 또는 피해가 많이 일어나는 행동이 아니므로 청소년 사이버폭력 가해척도(정여주, 2016; 정여주, 신윤정, 2020, 투고 중), 청소년 사이버폭력 피해척도(정여주, 김한별, 전아영, 2016) 등에서는 이 영역을 다루고 있지 않다. 다음과 같은 보이스피싱 사례는 사이버폭력의 한 유형인 아이디 도용에 들어갈 수 있다.

> 대학생인 민수는 어느 날 고등학교 때 친구에게서 전화를 받았는데, 대뜸 얼마가 필요하냐고 묻는 것이었다. 민수는 갑자기 전화를 해서 무슨 이야기를 하는 것이냐고 했고, 그 친구는 보이스피싱인가 보다고 하면서 전화를 해서 확인하기를 다행이라고 말했다. 누군가가 민수가 5년 전까지 사용하고 더 이상 접속하지 않은 민수의 네이트온 아이디를 도용하여 메신저로 접속해서 친구로 등록되어 있는 사람들에게 돈을 보내 달라고 한 것이다.

7) 사기

사이버폭력 중에는 실제로 사기를 치거나 거짓말을 하는 경우도 있었다. 이는 사이버폭력에만 해당한다기보다는 일반적인 범죄에 해당하는 경우이기 때문에 자주 일어나는 일은 아니다. 그러나 확실한 것은 사이버 세계가 활성화되면서 이러한 사기가 더 편리해지고 지능적이 되어 왔다는 점이다. 또한 범죄자들만이 했던 행동을 일반인들도 손쉽게 할 수 있게 되었다는 점도 의미가 있다. 사람들은 사이버 세계가 자신의 삶에 굉장한 영향을 미치고 있다는 것을 알면서도 막상 사이버 세계에서 만나는 대상이나 자기의 모습은 허구로 생각하기도 한다. 허구의 대상에게 허구의 자기가 행동하는 것이기 때문에 실제 세계에서는 하지 못할 행동도 서슴지 않고 하게 되기도 한다. 인터넷 사기가 많아지는 것도 이러한 특성에 영향을 받는 것이라고 볼 수 있다. 사이버상의 사기 또한 청소년들 사이에서는 많이 일어나는 행동은 아니므로, 이 책의 중반부부터는 이 문제에 대해 다루지 않고 있다.

대학생인 서윤이는 평소에 거짓말을 하거나 돈을 훔치는 일을 해 본 적이 없는 사람이었다. 그러다가 자신이 사용하던 스마트폰을 새것으로 바꾸면서 기존에 사용하던 폰을 인터넷 거래로 팔게 되었다. 중고폰을 올리자 10만 원에 사겠다고 한 사람이 나타났고, 그 사람은 서윤이에게 바로 계좌이체로 5만 원을 선입금해 주었다. 다음 날 택배로 중고폰을 보내고 나머지 돈을 받기로 한 상황이었다. 그러나 다음 날 서윤이는 학교에 중고폰을 들고 나왔다가 강의실에 깜빡하고 폰을 두고 오게 되었다. 30분 후쯤 기억난 서윤이는 다급하게 강의실로 가 보았지만 이미 누군가가 폰을 훔쳐 간 후였다. 중고폰을 사기로 했던 사람에게 팔 수가 없어졌으므로 다시 5만 원을 입금해 주어야 하는 상황이 되었지만, 어차피 서윤이는 번호를 바꿀 것이고 그러면 그 사람이 자기에게 연락할 수 있는 통로는 카페 쪽지밖에 없으므로 그냥 무시해도 된다는 생각이 들었다. 그리고 자신도 그 폰을 도난당한 것이기 때문에 그 책임을 자신이 혼자서 지고 싶지 않다는 생각이 들어 중고폰을 사기로 한 사람의 연락을 무시하며 잠수를 타게 되었다.

8) 스토킹

사이버폭력에는 사이버 스토킹도 해당된다. **스토킹**은 원래는 사이버상에서 이루어지는 행위라기보다는 실제 세계에서 가해자가 어떤 사람을 직접 따라다닌다든가 집 앞에서 기다리고 집요하게 연락을 하는 방식으로 많이 이루어진다. 그러나 요즘 사이버 세계가 활성화되면서 사이버 공간에서의 스토킹도 많아지고 있다. 이메일로 지속적인 연락을 하거나 개인 홈페이지나 SNS 공간에 집요하게 도배글을 올리는 등의 행위는 스토킹과 관련될 수 있다. 사이버 스토킹은 법적으로도 심각한 문제이고 심리적으로도 매우 큰 영향을 미칠 수 있는 문제이나, 청소년들 사이에서 빈번하게 발생하는 사이버폭력의 유형은 아니다.

대학생인 지수는 페이스북과 카카오스토리, 인스타그램 등의 SNS 활동을 자주 하는 친구였다. 그날그날 자신이 느낀 기분이나 했던 경험 등을 자유롭게 SNS에 올리면서 사람들과 교류하고 있었다.

그러던 어느 날 자신을 태그하여 올라온 어떤 게시글을 보고 경악을 하게 되었다. 자신이 지난 1년간 몇 시 몇 분에 글을 올렸고, 어디를 갔으며, 무엇을 했는지를 표로 정리하고, 심지어 어떤 공간에는 직접 따라와서 찍은 사진을 올리기도 했다. 익명으로 올라온 글이기 때문에 누가 한 것인지 알 수 없었다. 자신의 SNS 글을 모두 볼 수 있었던 것을 보면 자신과 친구를 맺은 사람일 것이라고 생각할 수는 있었지만, 자신을 팔로우하는 친구들은 700명이 넘었기 때문에 그중 누가 이런 짓을 하는지 알기 힘들었다.

이후에도 지수의 행동과 행적에 대해서 정리한 글은 여러 번 올라왔고, 지수는 점점 밖에 다니거나 사람들을 만나는 것이 두려워졌다.

9) 해킹

마지막으로 해킹이 있는데, 이는 실제 사이버테러, 해킹, 바이러스 유포와 같이 사이버 범죄로 이어지는 경우가 있었다. 그러나 사이버폭력의 유형 안에 해킹을 포함시키지 않는 경우가 많아지고 있다. 이는 사이버폭력과 사이버범죄를 분리해서 생각해야 한다는 의식에서이다. 해킹은 실제로 법적인 문제와 관련되어 있으며, 일반적인 청소년들이 벌이는 일이기보다는 사이버상의 범죄자들에 의해 일어나는 일인 경우가 많다. 따라서 일반적인 청소년 사이버폭력의 유형에서는 해킹을 제외하고 살펴보는 것이 청소년들을 이해하는 데 더 도움이 될 것으로 보인다.

2. 사이버폭력 공간에 따른 유형 분류

앞에서 살펴본 것처럼 일반적으로는 사이버폭력의 내용이 어떤 것이냐에 따라 그 유형을 살펴보고 있지만, 그 외에도 사이버폭력이 일어나는 공간에 따라 그 유형을 구분하는 방법이 있다. 사이버폭력이 어떤 곳에서 일어나는지를 살펴보면 크게 핸드폰과 인터넷 공간으로 나눌 수 있다. 물론 최근에는 스마트폰이 개발되면서 핸드폰과 PC를 사용하는 인터넷의 공간 구분이 모호해지고 있는 것이 사실이다. 그러나 기존의 국내외 연구에서는 사이버폭력이 일어나는 공간을 휴대폰과 인터넷으로 구분하고 있는 경우가 더 많았다. 또한 휴대폰과 인터넷 공간에서의 사이버폭력 또한 일방향과 쌍방향으로 나누어서 생각해 볼 수 있다. 일방향이란 사이버폭력을 일방적으로 당하고 거기에 실시간으로 맞대응할 수 없는 공간을 말하며, 쌍방향이란 사이버폭력을 당하면서 폭력을 가하는 가해자와 피해자가 상호 대화할 수 있는 공간을 말한다. 이와 같은 내용을 정리해 보면 다음과 같다. 즉, 핸드폰에서 일어나는 사이버폭력은 일방향적인 문자메시지와 쌍방향적인 전화통화로 나눌 수 있다. 또 인터넷에서 일어나는 사이버폭력은 일방향적인 이메일, 블로그, 클럽(카페), 게시판(뉴스), 게임 사이트, 소셜 네트워크 사이트 등과 쌍방향적인 메신저, 채팅방, 토론방으로 나눌 수 있다(〈표 3-1〉 참조).

〈표 3-1〉 사이버폭력이 일어나는 공간에 따른 유형 구분

구분	세부 구분	
핸드폰	일방향	문자메시지
	쌍방향	전화통화
인터넷	일방향	이메일, 블로그, 클럽(카페), 게시판(뉴스), 게임 사이트, 소셜 네트워크 사이트 등
	쌍방향	메신저, 채팅방, 토론방

출처: 정여주, 김동일(2012).

한편, 정여주와 김동일(2012)은 이러한 공간으로 구분한 분류에 따라서 어떤 공간에서 사이버폭력을 당했을 때 가장 충격이 심한지를 연구에서 살펴보았다. 이 연구에서는 사이버폭력을 당한 상황이 일방향인지 쌍방향인지를 기준으로 하고, 거기

서 아는 사람에게 당한 것인지 아니면 모르는 사람에게 당한 것
인지, 그리고 사이버폭력의 내용이 단순한 욕인지, 자신에 대한
모욕인지, 자신이 속한 환경에 대한 모욕인지를 구분하여 부정
적 감정의 강도를 살펴보았다. 그 결과를 보면, 익명 대상에게
서보다 아는 사람에게서 자신이 속한 환경에 대한 욕(가족에 대
한 욕)을 들었을 때 부정적 감정의 강도가 가장 높았다. 또한 나
머지 경우에는 익명의 상대에게서 자신에 대한 모욕을 듣는 것
을 기분 나쁘게 받아들이는 것으로 보인다.

제4장

사이버폭력 가해자, 피해자, 목격자

1. 사이버폭력 가해자

1) 사이버폭력 가해자의 특징

사이버폭력 가해자들은 어떤 특징을 가진 사람들일까? 먼저, 성별에 따라 차이가 있는지를 살펴보기 위해 사이버폭력 가해자들의 인구통계학적 특성에 대한 연구들을 요약해 보면, 전통적인 학교폭력처럼 남자가 여자보다 많다는 연구들이 많았지만 (김경은, 2013; 오은정, 2010; 이성식, 2008; Chen, Ho, & Lwin, 2017; Kowalski, Giumetti, Schroeder, & Lattanner, 2014), 남자와 여자가 비슷한 비율로 분포한다는 연구도 있었으며(이성대, 황순금, 염동문, 2013; 이정기, 우형진, 2010), 더 나아가 여자가 남자보다 더 많다는 연구도 있었다(이정기, 2011; Marcum, Higgins, Freivurger, & Ricketts, 2012). 연구마다 성차에 대한 결과는 다르지만, 공통적으로 확인할 수 있는 부분은 전통적인 학교폭력 가해자에 비해 사이버폭력 가해자의 경우 여자의 비율이 높다는 것이다. 특히 SNS 중독이나 SNS상에서 일어나는 사이버폭력으로 가면 더 여자의 비율이 높아진다. 앞에서도 설명했듯이 사이버 공간에서는 신체적 폭력을 일으키는 것보다 더 쉽게 폭력을 일으킬 수 있기 때문에 여학생들이 실제 학교에서보다 폭력에 가담하기 더 쉬워질 수 있다.

다음으로, 연령대별 사이버폭력 비율을 생각해 보면 조아라와 이정윤(2010)은 중학생이 악성 댓글을 가장 많이 쓴다고 하였으며, 김경은과 윤혜미(2012a) 또한 연령이 낮을수록 사이버 언어폭력이 많이 나타난다고 하였다. 김은경(2012)은 중학생을 대상으로 한 연구에서 1학년이 사이버폭력 가해 정도가 가장 높았다고 하였다. 실제로 매년 이루어지는 사이버폭력 실태조사를 살펴보면, 중학생의 사이버폭력 비율이 높게 나오는 경우가 많았지만, 사이버폭력 가해가 반드시 연령에 영향을 받지는 않는다(이성식, 2008)는 연구도 있었다. 실제로 중학생은 사이버폭력 외에 학교폭력, 비행 등의 비율도 가장 높게 나타나는 연령대여서 사이버폭력만의 독특성이 있는 것 같지는 않다. 연령대 간 차이에 대해서는 앞으로 좀 더 지켜볼 필요가 있다.

사이버폭력 가해자의 성격적 특성에 대해서 살펴보기 위해서는 Olweus(1993)가 제시한 다음의 학교폭력 가해자의 특성을 먼저 살펴볼 필요가 있다.

- 지배적인 성격이며 자신의 힘을 사용해서 주장하는 것을 좋아함
- 화를 잘 내고 충동적이며 쉽게 좌절함
- 폭력에 대한 긍정적 태도
- 규칙을 준수하지 않음
- 피해자에게 거의 공감하거나 연민을 느끼지 않음
- 성인에게 공격적임
- 곤경에서 빠져나오기 위해 변명을 잘함

앞에서 나열한 것과 같은 학교폭력 가해자의 특성을 사이버
폭력 가해자가 유사하게 갖고 있는 경우가 많을 수 있다. 청소
년들에게 있어서는 학교폭력이 사이버폭력과 함께 이루어지
는 경우가 많고, 이러한 경우 학교폭력 가해자와 사이버폭력 가
해자를 분리해서 생각할 수 없기 때문이다. 그러나 사이버폭
력 가해자는 학교폭력을 함께하는 경우 외에도 다양한 분류가
있을 수 있다. 이 책의 초반부에서 사이버 세계 속의 자기가 실
제 자기와 같은 경우도 있으나, 실제 자기와 괴리감이 있는 자
기를 만드는 경우도 있다는 설명을 했었다. 특히 실제 세계에서
는 여러 가지 환경을 고려하면서 폭력이나 공격성을 보일 수 없
지만, 사이버 세계에서는 이러한 제한을 받지 않게 되어 자신
의 내면에 있던 폭력이나 공격성을 내보이는 경우도 많이 있다.
Afrab(2010)은 실제 세계에서 예의 바른 학생인 완벽한 아이들
이 사이버 세계에서는 폭력을 저지르면서 완전히 다른 자기를
내보이는 경우가 있다고 했는데, 이 아이들에게 그 이유를 물어
보면 "인터넷에서는 그렇게 할 수 있으니까요."라고 대답했다
고 했다. 이러한 아이들에게는 사이버폭력이 실제 학교폭력보
다 가해행동을 하기에 더 안전한 방법이라고 느껴질 수 있다.

Afrab(2010)은 사이버폭력 가해자를 [그림 4-1]에서 볼 수 있
듯이 4가지로 분류했고, 간단한 설명은 다음과 같다.

• 복수형 천사 가해자: 자신이나 다른 아이들을 괴롭히는 아
  이의 잘못된 행동을 바로잡아 주려고 하면서 정의를 추구

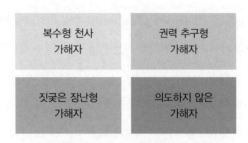

[그림 4-1] 사이버폭력 가해자 분류

출처: Afrab (2010).

하는 것처럼 보이는 아이들로, 학교폭력의 피해자였던 아
이들이 사이버폭력을 가하는 경우나, 주변의 친구들에게
폭력을 가하는 가해자를 응징하기 위해 사이버폭력을 하
는 경우를 말한다.

• 권력 추구형 가해자: 다른 사람들을 통제하고 그들에게 힘
을 행사하며 권력을 얻으려는 전형적인 학교폭력 가해자
와 유사한 특성을 지닌다. 학교폭력에서는 물리적인 힘을
쓰거나 욕을 하면서 이러한 권력을 얻었지만, 사이버폭력
에서는 상대방을 위협하거나 두렵게 하는 글이나 사진을
올리면서 이러한 힘을 얻을 수 있다.

• 짓궂은 장난형 가해자: 지루함이나 무료함을 떨쳐 내려고
사이버폭력을 하는 경우를 말한다. 단순히 재미나 즐거움
을 얻기 위해 사이버폭력을 하기도 하며, 이러한 행동으로
인해 인기를 얻고 사람들의 관심을 얻게 되는 것을 즐긴다.

• 의도하지 않은 가해자: 다른 친구들이 서로 주고받는 폭력
적인 대화에 자연스럽게 끼게 되어 의도치 않게 폭력적인

언어로 반응하면서 사이버폭력을 하게 되거나, 의도하지
않은 상황에서 다른 사람에 의해 사이버폭력을 함께 하게
되는 경우를 말한다.

2) 사이버폭력 가해자의 공감능력

사이버폭력 가해자의 **공감능력** 부족에 대해서는 좀 더 상세히
살펴볼 필요가 있다. 사이버 세계에서 만나는 대상은 앞에서 설
명했듯이 쉽게 관계 맺고 쉽게 버릴 수 있는 사람이라고 느끼기
때문에, 상대방의 문제를 깊이 있게 고민하고 함께하는 공감하
기가 쉽지 않을 수 있다. 보통 우리의 공감능력은 상대방의 비
언어적 감정 표식들을 확인하면서 대부분 발휘된다. 그러나 사
이버상에서는 이러한 상대방의 비언어적 표식 확인이 어렵다는
점이 그 사람을 공감하기 어렵게 만들 수 있다.

여러 연구에서 공감능력이 낮은 것은 기존의 전통적인 학
교폭력 가해자의 중요한 특징 중 하나로 소개하고 있다. Crick
(1995)의 연구에서 살펴보면, 인지적 공감 수준이 낮은 아동들
이 타인의 관점을 취하지 못하고, 이로 인해서 간접적인 학교폭
력을 하는 경향성이 더 많다고 하였다. 정여주와 두경희(2015)
는 이처럼 공감능력과 폭력 간의 관련성이 높다면 사이버폭력
가해행동 또한 공감능력이 연관될 수 있다고 생각하고, 사람들
이 공감능력의 차이를 보이면 가해행동에도 차이를 보일지를
연구하였다. 이 연구에서는 공감능력의 수준에 따라 게시판 글

에 대해 공격성이 있는 댓글을 쓸 가능성이 달라지는지, 공감능력의 하위 요인 중 어떤 요인이 공격성 있는 댓글을 쓸 가능성에 영향을 미치는지를 살펴보았다. 이를 위해 87명의 대학생을 모집하였다. 대학생들에게 인터넷 게시글을 읽고, 자신이 어떤 댓글을 달 가능성이 높은지 체크해 보았다. 이 연구의 결과를 살펴보면, 공감능력이 낮은 그룹이 공감능력이 중간 이상인 그룹보다 공격성이 높은 댓글을 작성할 가능성이 높은 것으로 드러났다. 즉, 사이버폭력 가해자의 특성에 공감능력이 중요한 역할을 한다는 것을 암시하고 있다. 이는 사이버폭력 가해자를 위한 프로그램을 만들거나 교육을 실시할 때 공감능력을 향상시킬 수 있는 내용을 꼭 포함시켜야 한다는 점을 의미하기도 한다.

3) 사이버폭력 가해행동의 원인

사이버폭력 가해를 일으키는 원인에는 어떤 것들이 있을까? 앞에서 설명한 것과 같은 가해자의 성격적 특성 등도 사이버폭력 가해에 영향을 미치지만, 환경이나 심리내적 문제들도 영향을 미칠 수 있다. 정여주와 두경희(2014)는 기존 연구들을 정리하면서 사이버폭력에 영향을 미치는 요인을 외부환경요인, 개인내적요인, 개인행태요인으로 구분하였다. 이 책에서는 사이버폭력 가해에 영향을 미치는 요인을 [그림 4-2]와 같이 크게 외부환경요인과 개인내적요인의 2가지 요인으로 구분하여 설명해 보고자 한다.

• 부모와의 유대감 및 애착 • 가정폭력 • 교사와의 관계, 학교에 대한 태도 • 친구와의 관계, 비행친구 • 학교폭력 경험 • 사이버 공간의 특성	• 충동성, 낮은 통제력 • 공격성 • 과시 욕구 • 지배 욕구 • 스트레스 • 우울, 소외감 • 낮은 공감능력
외부환경요인	개인내적요인

[그림 4-2] 사이버폭력 가해행동의 원인

(1) 외부환경요인

청소년의 사이버폭력 가해에 영향을 미친다고 볼 수 있는 외부환경요인은 크게 가정, 학교, 사이버 공간의 3가지가 있다.

첫째, 부모와의 유대감이 적고 안정적인 애착을 맺지 못한 청소년들은 사이버폭력 가해자가 되기 쉽다. 이러한 특징은 사이버폭력만이 아니라 모든 비행행동에 영향을 미치는 것으로 연구되어 왔다. 기존 연구들도 청소년이 부모와 함께 살고 있지 않고 주변에 부모의 역할을 하는 사람이 적을수록 사이버폭력이 늘어났으며, 부모와의 유대관계가 높을수록 악성 댓글을 적게 쓴다고 주장하고 있다(이성식, 박정선, 2009). 더 나아가, 가정폭력에 노출되면 사이버폭력 가해자가 될 위험이 더 커진다. 가정 내에서 폭력에 노출될수록 사이버상에서의 위험행동과 밀접하게 연결되며(김경은, 2013), 부모로부터 심한 욕설을 들은 경험이 사이버폭력 가해행동에 영향을 미친다(남상인, 권남희, 2013). 이처럼 부모와의 유대관계나 애착 형성, 가정폭력 여부가 사이버폭력 가해행동에 영향을 미치므로, 이러한 청소년들을 상담할 때는 부모와의 관계나 가정 문제에 대한 상담이 필요한 경우가 많을 것이다.

둘째, 학교에서 교사와 부정적인 관계 형성, 학교에 대한 부정적 태도, 친구와의 부정적 관계, 비행친구와의 관계 등 학교에서 경험하는 환경 특징이 사이버폭력 가해행동에 영향을 미칠 수 있다. 학교에 대해 부정적인 태도를 가지고 있고, 교사에 대해서 분노를 느끼거나 교사를 신뢰하지 못하는 학생들은 사이버폭력을 포함하여 다양한 비행행동을 하게 된다. 또래와 잘 지내지 못하고 애착을 형성하지 못할 때도 사이버폭력을 하게 될 위험은 높아진다. 특히 비행친구들과 가깝게 지내는 것은 사이버폭력에 큰 영향을 미칠 수 있는데, 이와 관련해서 Akers(1998)는 사회학습이론을 주장하면서 사회 혹은 환경 요인에 의해 폭력행위를 학습할 수 있다고 하였다. 즉, 비행친구가 있고 함께 교류할 경우 폭력행위를 학습하여 이를 사이버 상에서 발현할 수 있다는 점을 알 수 있다. 또한 이정기와 우형진(2010)은 사이버 언어폭력에 대한 인식 수준이 낮고 친구들이 하는 사이버 언어폭력에 대해 편하게 생각하면 본인도 사이버폭력을 하게 될 가능성이 높다고 하여, 친구로부터 학습하게 되는 폭력행위의 특징을 강조하였다. 따라서 사이버폭력 가해행동에 대해서 상담을 할 때, 청소년이 학교에 대해 가지고 있는 생각, 또래와의 관계, 교사와의 관계를 탐색하고, 그 안에서 갈등이 있거나 고민이 있는 부분들을 찾아낼 필요가 있다.

셋째, 사이버 공간의 매체적 특성도 사이버폭력 가해행동에 영향을 미칠 수 있다. 사이버 공간에서는 실재감이 저하되는 특징이 있는데, 이는 특히 익명의 공간에서 그렇다. Postmes와 Spears(1998)는 사이버 공간에서의 익명의 상황은 실재감이 부족하여 청소년에게 일탈의 가능성을 준다고 하였다. 또한 이러한 실재감 저하와 익명의 상황은 탈억제라는 특성과도 연결된다. 이성식(2008)은 사이버 공간의 기회상황요인을 강조했는데, 사이버 공간의 익명성과 탈억제 기능, 처벌이 미흡하다는 점이 사이버폭력을 일으킨다고 보았다. 즉, 사이버 세계 속에서는 자신이 어떤 잘못을 할지라도 익명성 뒤에 숨을 수 있고, 자신의 폭력적인 행동을 억제하지 못하더라도 이로 인해 처벌을 받기 쉽지 않다는 점 때문에 청소년들은 더 쉽고 편하게 폭력성을 드러내곤 하는 것이다. 더 나아가, 익명성을 기반으로 하는 공간에서는 실제로 범죄가 일어날지라도 가해자에 대한 증거 확보가 어려우며, 범죄 자체도 실제적인 피해자의 생명이나 신체적 피해와 연결시키기 어렵다(성동규 외, 2006). 이러한 사실은 오히려 가해자로 하여금 쉽게 폭력을 저지르도록 만들 수 있다. 한편, 익명의 상황에서는 자아의식을 감소시킨다는 의견 또한 있었다(유상미, 김미량, 2011). Postmes와 Spears(1998)가 주장한 몰개성화 이론에 따르면, 익명성이 있는 공간에서는 자신을 통제하거나 규제하지 않게 되고, 자신이 어떤 사람이고 자신이 어떤 목표를 가진 사람인지에 대한 자기개념과 자아의식이 감소할 수 있다고 본다. 따라서 사이버 공간에서는 이러한 특성이 드러날 수 있으며, 사이버폭력에 더 긍정적인 영향을 미칠 수 있다. 따라서 사이버폭력 가해 청소년을 상담할 때는 이러한 익명성이나 사회적 실재감 저하를 상담자가 인식하고, 가해자인 내담자가 피해자의 입장을 생각해 보도록 이끌거나, 가해자 자신이 추구하는 자기개념을 키워 주는 방식이 필요할 것이다.

(2) 개인내적요인

사이버폭력 가해행동에 영향을 미칠 수 있는 개인내적요인에는 정서적·성격적 변인들이 대부분이다. 이러한 성격적 변인들이나 정서적 특징들을 가지고 있을 때 반드시 사이버폭력을 하게 된다고 해석하는 것은 무리가 있으며, 단지 사이버폭력 행동을 한 가해자들이 갖고 있는 공통적 특성 정도로 생각하는 것이 좋다.

첫째, 충동성과 낮은 자기통제력은 사이버폭력 가해행동의 원인이 된다(Baier, 2007; Berarducci, 2009; Marcum et al., 2012). 사이버 공간에서는 실제 세계에서보다 더 쉽게 대화를 할 수 있고 부정적 감정을 분출할 수 있기 때문에, 충동적인 성격을 가진 청소년들은 자신의 분노 감정을 더 재빨리 표출할 수 있다. 또한 자신의 행동을 생각해 보고 계획적으로 통제하는 능력이 부족하면, 자신이 저지른 사이버폭력이 피해자에게 어떤 영향을 미칠지 생각해 보지 않고 바로 행동을 해 버리기 쉽다.

둘째, 공격성을 가진 청소년들은 사이버폭력을 쉽게 저지를 수 있다. Kowalski, Limber, Agaston(2012)은 요즈음 청소년들이 자신의 공격 에너지의 창구로 사이버폭력을 사용하고 있다고 보았으며, 공격적 판타지를 드러내는 통로로 이용하기까지 한다고 보았다. 국내의 학자 중에서도 성동규 등(2006)은 공격성이 높을수록 사이버폭력 가해 경험이 높아진다는 점을 밝혔으며, 조아라와 이정윤(2010)은 악성 댓글을 다는 청소년은 공격성이 높으며, 악성 댓글을 사용한 후에도 죄책감을 별로 느끼지 않는다고 하였다. 즉, 공격성을 많이 갖고 있는 청소년들이 사이버상에서도 쉽고 빠르게 공격성을 표현하며, 이러한 특성은 사이버폭력으로 이어지기 쉽다.

셋째, 과시 욕구와 지배 욕구가 많은 청소년들은 사이버폭력을 일으키기 쉽다. 과시 욕구와 지배 욕구는 사실 사이버폭력 가해자만이 아니라 전통적인 학교폭력 가해자들도 갖고 있는 성격적 특성이다. 이성식(2008), 조아라와 이정윤(2010)은 자기 과시 욕구가 강하며 지배우월적인 특성을 가진 사람들이 사이버 공간에서 언어폭력을 많이 사용한다고 하였으며, 김재휘와 김지호(2002)는 사이버 공간에서 사람들이 자신의 능력을 과하게 믿으며 타인과의 관계를 고려하지 않은 채 자신만의 영역으로 생각하는 사이버 지배 욕구가 사이버폭력에 영향을 미친다고 하였다.

넷째, 평소에 스트레스를 많이 받고 긴장 정도가 높은 청소년들은 사이버폭력을 일으키기 쉽다. 특히 플레이밍을 하는 청소년들의 심리를 들여다보면, 자신이 스트레스를 받았을 때 이를 풀어내기 위해 다수의 사람이 모이는 공간에서 욕을 하거나 문제를 일으켜서 사람들 간의 싸움으로 번지는 것을 구경하는 특성을 보이기도 한다. 이처럼 스트레스와 긴장이 사이버폭력과 연관된다는 것은 여러 연구에서 밝혀졌다(남수정, 2011; 두경희, 김계현, 정여주, 2012; 이수경, 2011). 따라서 사이버폭력 가해 청소년을 내담자로 만나게 되면 그가 가진 스트레스나 긴장감을 파악하는 것 또한 중요할 것이다.

다섯째, 우울과 소외감을 느끼는 청소년들이 사이버폭력을 일으킬 가능성도 높다. 우울과 소외감을 느낄수록 사이버 세계에 빠져들 가능성이 높고, 실제로 인터넷 중독이나 스마트폰 중독과의 관련성도 높아진다. 특히 Wolak, Finkelhor, Mitchell, Ybarra(2008)는 청소년들이 우울이나 소외감을 느낄 경우 이를 해소하기 위해 사이버 공간에 몰입하게 된다고 보았다. 따라서 사이버폭력 가해 청소년의 심리내적 우울, 소외감 등을 파악하는 것은 중요할 수 있다.

4) 사이버폭력 가해행동의 결과

사이버폭력 가해를 하고 난 이후에는 어떤 일들이 일어날 것인가? 실제로 사이버폭력 유형 중에서 스토킹이나 사기, 성폭력 · 성희롱, 해킹과 같이 법적인 제재를 받을 수 있는 사이버폭력은 최근에는 사이버범죄로 분류하는 경우가 많다. 즉, 직접적인 법적 절차를 받을 가능성이 높은 사이버폭력은 아예 범죄로 볼 수 있는 것이다. 이러한 사이버범죄를 저지를 가해자들은 추후에 벌금형을 받거나 소년원에 보내지기도 하며, 여러 가지 법적 제재를 받게 된다.

그러나 이러한 사이버폭력 외에 언어폭력이나 소외와 같이 청소년들 사이에서 빈번하게 일어나는 사이버폭력의 경우에는 가해자들이 자신이 한 행동에 대해 큰 양심의 가책이나 깨달음 없이 흘러가게 되는 경우가 많다. 대부분의 사이버폭력은 가해를 하게 되더라도 피해자가 얼마나 힘들어하는지 모르는 경우가 많고, 따라서 가해자들은 큰 문제가 없다고 생각하며 넘겨 버릴 수 있다. 이러한 안일한 생각이 더 많은 사이버폭력을 일으킬 수 있다는 점에서 매우 심각하다. 따라서 사이버폭력 가해자를 상담할 때에는 상대 피해자가 어떤 감정을 느낄 것 같은지 역지사지의 감정을 가져 보는 연습이 필요할 수 있다.

그러나 최근 국내에서는 사이버폭력 또한 학교폭력 안의 한 유형으로 분류하여 학교폭력위원회를 여는 등 다양한 조치를 취하는 경우도 많으므로, 사이버폭력 가해로 인한 여러 처벌이 생길 수 있다. 이에 대해서는 사이버폭력 예방 및 대응을 다룬 제6장에서 좀 더 이야기해 보려고 한다.

2. 사이버폭력 피해자

1) 사이버폭력 피해자의 특징

사이버폭력 피해자들은 어떤 사람일까? 사실 이러한 질문은 적합한 질문이 아니어 보인다. 사이버폭력은 그 어느 누구든지 당할 수 있는 것이기 때문이다. 전통적인 학교폭력에서는 학교폭력 피해자가 되는 청소년들의 특징을 연구하고 정리하기도 했으나, 사이버 공간은 그 특성상 누구라도 피해를 입을 수 있는 위치에 있다.

그러나 몇몇 연구자는 사이버폭력 피해자들이 주로 어떤 특징을 가지고 있는지에 대해서 연구하기도 했는데, 남자보다 여자가 피해를 입을 가능성이 높고(Holt, Fitzgerald, Bossler, Chee, & Ng, 2014; Payne & Hutzell, 2017), 인터넷에서 더 많은 시간을 보내고 인터넷 중독과 같은 위험 요인이 많을 때 사이버폭력 피해를 입기 쉽다(Chen et al., 2017; Kowalski et al., 2014; Ybarra & Mitchell, 2004; Zhou et al., 2013)고 보았다. 또한 학교폭력 피해자가 사이버폭력 피해자가 되는 경우도 많다고 볼 수 있다(Holt et al., 2014; Kowalski et al., 2014). 더 나아가, 반사회적 친구들이 주변에 많이 있거나(Hemphill & Heerde, 2014), 부모 또는 친구와의 유대관계가 약하고 온라인 활동을 통제하지 못할 때 사이버폭력 피해자가 될 위험도 높아졌다(Chen et al., 2017; Mesch,

2009).

또한 몇몇 연구에서는 ADHD 성향을 가진 학생들이 사이버폭력을 많이 당한다고도 밝혔다. Kowalski와 Fedina(2011)의 연구에서는 ADHD 성향의 주의력결핍 증상이 과잉행동/충동성 증상보다 오프라인·온라인 폭력 피해 수준과 더 높은 관련이 있다는 점을 밝혔고, 최진오(2013)는 초등학교 학생들의 ADHD 성향이 오프라인과 온라인 폭력 피해 수준과 유의한 관계가 있다고 보았다. 그러나 ADHD 성향의 경우 사이버폭력만을 따로 본 것이 아니라, ADHD 성향의 학생들이 오프라인에서 학교폭력을 많이 당하게 되면서 이러한 현상이 사이버폭력에까지 연결된다는 의미로 보인다.

또 남재성과 장정현(2011)은 사이버폭력 피해가 나타나는 것이 사이버폭력을 저지른 친구의 영향인지, 지역사회의 유해환경과 무질서의 영향인지를 살펴본 결과, 사이버폭력을 저지르는 친구가 가까이 있을수록 사이버폭력 피해가 증가하며, 유해환경에 많이 노출된 청소년일수록 사이버폭력 피해 경험이 증가한다는 점을 확인했다. 이렇게 사이버폭력 피해를 입는 청소년들의 특성이나 원인 등을 연구한 내용은 아직까지 많지는 않으며, 앞으로 다각도로 연구가 필요한 분야로 보인다.

2) 사이버폭력 피해의 결과

이와 같이 사이버폭력을 당하면 그 피해자들은 다양한 부정적 결과를 맞이하게 된다. 특히 우울, 불안, 자존감 저하와 같은 심리적 문제와 많이 연결되며, 피해자가 다시 가해자가 되는 현상까지 벌어진다. 사이버폭력의 피해로 인해 상처를 입고 상담에 찾아오는 청소년 내담자가 늘어나고 있으므로, 이러한 내용에 대해서 좀 더 상세하게 살펴보자.

(1) 우울, 불안, 두려움을 느낌

사이버폭력의 피해로 가장 많이 나타나는 정서적 문제는 우울과 불안이라고 볼 수 있다. 악성 댓글의 피해를 입은 후 우울증에 걸리는 청소년들이 매우 많으며, 자신에게 댓글을 달지 않은 주변 사람들조차도 부정적으로 인식하면서 대인관계 문제로까지 연결되곤 한다.

특히 Williams, Cheung, Choi(2000)는 사이버볼 게임을 사용하여 사이버 게임에서 무시를 당하는 경험을 했을 때 어떤 기분이 일어나는지에 대한 실험을 진행하였다. 그 결과를 보면, 사이버 게임에서 무시와 따돌림을 당할 경우 부정적 감정, 통제력 저하, 자존감 저하, 자기조절능력 저하, 외현화 문제 등을 일으킬 수 있다. Rigby(2008) 또한 사이버폭력을 경험한 학생들은 자존감이 떨어지고, 화가 나거나 슬픈 감정을 경험하며, 비참한 느낌을 가진다고 보았다.

더 나아가 사이버폭력으로 고통을 받은 청소년들은 자살에 대한 사고를 가지게 되기도 한다(Finkelhor, Mitchell, & Wolak, 2000). Hay, Meldrum, Mann(2010)은 사이버폭력이 자살사고로도 이어진다고 했고, 서화원과 조윤오(2013)는 중대한 사이버폭력을 당한 집단과 사이버폭력 및 전통적 학교폭력을 당한 집단 모두 자살을 생각할 가능성이 유의하게 높다고 했다.

최근 정여주, 김빛나, 김민지, 고경희, 전은희(2015)는 사이버폭력 피해 경험이 있는 청소년들을 인터뷰하여 어떤 결과가 나타나는지를 살펴보았다. 이 연구에서는 인터뷰 참여자들이 자신의 주변에서 사이버폭력을 당한 경험이 있다고 이야기하는 9명의 청소년을 인터뷰하면서 사이버폭력의 피해를 입은 이후 어떤 정서적, 인지적, 행동적 변화를 겪었는지 살펴보았는데, 정서적 결과 중 우울함과 두려움에 대한 이야기들이 다음과 같이 나왔다. 사이버폭력을 당한 후에 서운하고 속상하며 눈물이 나오고, 앞으로 있을 일에 대해서 두렵고 무서운 마음이 든다고 보고했다.

약간 페이스북 같은 경우에 사진을 바꿨을 때 얼굴이랑 사진이 다르다 막 그랬는데, 그걸 들으면은 자기가 하고 싶고 예뻐 보이고 싶어서 했는데 속상하죠. …… 서운한 마음…….

좀 그냥 얼굴 직접 보고 하는 것보다 (사이버폭력이) 더 힘들어요. …… (애들이 더 심하게 하니까 카톡방을 나가면?) 그런 것 땜에 많이 힘들었어요.

무서웠어요. …… 그리고 불안하기도 했어요. …… 이렇게 욕을 들었다는 것 자체가 사이가 틀어졌다는 거니까 그것에 대한 걱정이 들었어요.

(2) 분노와 수치심을 느낌

정여주 등(2015)의 인터뷰 연구 결과를 보면, 사이버폭력 피해를 입은 후 가해자에 대해 분노를 느끼기도 하고, 기분이 나쁘고 짜증이 나기도 하며, 배신감을 느끼는 등 자신이 피해를 입은 것에 대해 외부로 화를 내는 경우가 있으며, 불쾌해하고 민망해하면서 수치심을 느끼는 경우도 있다.

> 화나요. 그러니까 화가 살짝 나는 정도면 괜찮은데 진짜진짜 화가 났을 때는 부모님 욕을 하고. …… 익숙해도 화가 나요. …… 화가 어느 정도냐면, 친구랑 계속 싸우다 보면 친구가 심한 욕을 하잖아요. 표현할 수 없을 정도로 화가 나요.

> 롤, 리그오브레전드 하면서, 가끔씩 게임을 못한다고 욕을 하는 사람들이 …… 그럴 때 기분이 나쁘고 좀 상하죠……. 놀리거나 욕을 하죠. 왜 못하냐고 하면서…… 기분이 나쁘죠. 그리고 저만 걸고넘어지면 참을 만한데 부모님을 같이 욕하니까 결국은 욕을 한다고 해도 다시 듣고 하니까 짜증 나죠.

> 화를 주체를 못할 때는 어쩌다 보면 키보드랑 책상을 손으로 세게 치기도 해요. PC방에서 화가 나서 쳐서 키보드가 빠진 적이 있어요.

> 불쾌하고…… 일단 욕을 들었다는 자체가 불쾌했어요. 이유 없이 욕을 들

었으니······.

사진을 보내고 있는데 만약에 둘이 얘기하다가 '이렇게 재밌게 놀았다.' 라고 얘기하는 거라도 제 사진을 다른 사람한테 보낼 때 기분도 안 좋고 민 망하고······.

(3) 그 일에 대해서 회피하게 됨

정여주 등(2015)의 연구를 보면, 사이버폭력을 당한 후 이 일 을 더 복잡하게 만들거나 가해자를 상대할 가치가 없다고 생각 하면서 그 상황에서 벗어나려고 하는 경우도 많았다. 그 일에 대해서 자꾸 생각하면서 괴로워하는 것을 피하는 방법은 사이 버폭력의 피해를 최소화하는 데 도움이 될 수 있다. 그러나 정 말 문제를 해결해야 할 상황이 있다면 그냥 무시하고 피하는 것 은 오히려 더 큰 위험을 일으킬 수 있으므로 이에 대해 잘 살펴 보아야 한다.

저도 똑같이 해 주고 싶긴 한데 그렇게 하면 똑같은 사람 되는 거니까 그 냥 웃고 넘기고 그러는 편이에요.

오히려 상대해 봤자 피곤해지는 건 오히려 저고, 다른 사람한테도 피해가 가니까 상대할 가치가 없으면 안 하는 거죠.

탈퇴한다든가 그러고 싶기도 하고 도망가고 싶고······ 부모님한테도······

부모님은 그때 모르는 상태여서……

이제 게임 시작할 때 욕을 많이 할 것 같은 애들이 있는데 그런 애들을 차단하고 해요.

비밀번호와 설정부터 다 바꿨어요. 2단계 인증절차 다 해 놓고, 타 지역 로그인 안 되게 해 놓고, 뚫으려면 뚫을 수 있는 거 아는데도 그렇게 해 놨어요. 마음이 놓이게끔.

(4) 보복하고 싶은 생각을 하거나 실제로 보복행동을 함

사이버폭력을 당하고 나면 이를 해결하기 위해 다른 사람들을 동원해서 보복하고 싶다는 생각을 하거나 실제로 자신도 가해자에게 보복을 하는 악성 댓글을 다는 등 보복행동을 하기도 한다. 이러한 보복행동은 사이버폭력 피해-가해자를 만들어 내는 방식이다.

사이버폭력 피해 경험을 한 청소년들은 다시 다른 사람에게도 사이버폭력을 가하는 가해자가 되기 쉽다. 이러한 피해-가해자는 전통적인 학교폭력에서도 많이 나타났지만, 사이버폭력의 경우 가해자가 되기 매우 쉬운 구조이기 때문에, 피해-가해자가 더 많이 나타날 수 있다. Hay 등(2010), 조아라와 이정윤(2010), Riccardi(2008), 윤경운(2006) 등의 다양한 연구에서 이런 식으로 사이버폭력 피해를 입은 청소년들이 가해자가 되는 경우가 많다는 것을 밝히고 있다.

앞의 내용을 종합해 보면, 사이버폭력 피해 경험을 한 청소년들은 다시 사이버폭력 가해자가 되고, 사이버폭력이 점점 더 확산될 위험이 있다. 따라서 사이버폭력 피해 경험을 한 청소년들에게 상담을 통해서 그들의 마음을 공감하고 위로하여, 다시 피해자가 가해자가 되는 현상이 일어나지 않도록 막을 필요가 있다.

> 진짜 심할 때는 찾아가서 죽여 버리고 싶다는 생각이 들었어요.

> 그 적에게 킬을 줘서 좀 짜증 나게 그렇게 하고 싶었고…… 한 적은 없었어요. 그렇게 하고 싶다. …… 이 사람 혼내 주고 싶다.

> 실제 만나서 싸우자고 하는 경우도 많아요. 엄청…….

> (욕을) 그래도 조금씩 해요. …… 패드립 그런 거까지 해 가지고 따진 적 있죠.

(5) 극단적인 생각을 하게 됨

정여주 등(2015)의 연구 결과를 보면, 사이버폭력을 당한 후 청소년들이 가장 많이 변하는 부분 중 하나가 자신에 대해서 극단적인 생각을 하게 되고, 사이버폭력의 일부를 세상 전체로 여기게 되거나, 다른 관계나 상황까지도 극단적으로 생각하게 되는 것이다. 이러한 인지적 왜곡은 피해자들이 지속적으로 스스

로를 괴롭히게 하고 우울이나 다른 정서적 문제로까지 연결될
수 있다.

> 그때 제일 친한 친구가 욕을 하는 걸 들으니까 뭔가 세상에 혼자 남는 것
> 같았어요.

> 그래서 죽고 싶다는 생각도 많이 했었고.

> 그리고 앞으로 어떻게 지내야 할지 이렇게 욕을 들었다는 것 자체가 사이
> 가 틀어졌다는 거니까 그것에 대한 걱정이 들었어요. …… 그리고 그 친구 말
> 고 다른 친구들이 나와 놀아 주지 않을 것 같아서 불안하기도 했어요…….

> 세상에 믿을 거 하나 없다. 불신. 못 믿겠다…….

> 나는 그 한 사람의 말 때문에 다른 사람들한테 신뢰감이 정말 바닥이 된
> 상태였으니까…….

3) 사이버폭력 피해와 정서조절

그렇다면 사이버폭력 피해를 줄이기 위해서는 어떤 요소들
이 필요할까? 다양한 변인이 있지만, 먼저 정서조절 변인에 대
해서 생각해 보고자 한다. 사이버폭력 피해를 입은 경우 정서조
절능력을 가지고 있다면 그 피해 문제를 줄일 수 있을지에 대해

관심을 가진 정여주와 김동일(2012)은 정서조절 전략과의 관계에 대해서 연구를 진행했다. 이 연구에서는 Garnefski, Kraaij, Spinhoven(2002)이 제시한 인지적 정서조절의 9가지, 즉 자기비난(self-blame), 타인비난(other-blame), 받아들임(acceptance), 계획에 초점 맞춤(refocus on planning), 긍정적 재조명(positive refocusing), 계속 떠올림(rumination), 긍정적 재평가(positive reappraisal), 명확하게 바라봄(putting into perspective), 재앙으로 여김(catastrophizing)을 바탕으로 하여 초·중·고등학생들에게 인지적 정서조절 척도와 사이버폭력 피해 척도를 함께 실시했다. 이 연구의 결과를 보면, 인지적 정서조절 전략으로 계속 자신이 겪은 문제를 반복해서 떠올리는 것은 사이버폭력 피해로 인한 스트레스를 높여 부정적인 영향을 미치며, 반대로 사이버폭력 피해 경험으로 인해 자신이 강한 사람이 될 수 있다고 생각하는 등 겪은 일에 대해 긍정적인 재평가를 하는 것은 사이버폭력으로 인한 스트레스를 줄여 주고 긍정적으로 극복할 수 있도록 해 준다고 밝혔다.

　이처럼 사이버폭력 피해는 누구나 경험할 수 있지만, 그 후이 사건에 대해서 계속 떠올리고 반복적으로 괴로워하는 방식이 아니라 긍정적으로 재평가하고 거기서 벗어나서 에너지를 얻어서 나아간다면 피해를 최소화할 수 있을 것이다.

4) 그 외에 사이버폭력 피해를 경감시키는 요인

앞서 말했듯이, 정서조절능력은 사이버폭력 피해를 줄이는 데 중요한 역할을 할 수 있다. 그 외에도 사이버폭력 피해를 경감시키는 요인들이 있는데, 이에 대해서 두경희와 정여주(2016)는 연구에서 어떤 요소들이 피해 경험을 경감시키는지를 찾았다. 사이버폭력 피해 경험이 있는 대학생 14명을 인터뷰한 후, 부정적 경험을 더 심하게 유발시키는 요소와 경감시키는 요소를 살펴보았는데, 여기에서는 부정적 경험을 경감시키는 요소에 대해서 요약해 보고자 한다.

(1) 상황적으로 사이버폭력 경험에서 멀어짐

악성 댓글이 지워지거나, 물리적으로 사이버폭력 가해자들과 멀어지는 것은 사이버폭력 피해 경험을 경감시킬 수 있다. 즉, 사이버폭력을 당했을 때 너무 거기에만 매여 있는 것이 아니라 의도적으로 상황에서 벗어나는 것이 도움이 될 수 있다.

> 불안하고 초조했던 건 사진이 내려가니까 딱 사라졌어요.

> 한 명이 올린 게 아니고 여러 명이서 막 일촌평 이런 데 있잖아요. 그런 곳에다가 그런 내용 쓰고…… 제 친구들도 다 보고 그래 가지고 되게 상처를 많이 받았거든요. 근데 그게 이제 고등학교 올라가면서 걔네랑 떨어지고 그러면서 자연스럽게 소문도 묻히고 잊어버리고 그냥그냥 잊고 살았어요.

그냥 그동안 그 홈페이지 이런 걸 안 들어가 봤어요. 인터넷 이런 쪽을 아예 안 들어갔어요. 다시 안 봤어요.

(2) 주변에서 지지해 주는 사람들이 존재함

사이버폭력 피해를 경험했을지라도 지지를 받을 수 있는 또래, 부모, 교사 등의 그룹이 있다면 그 위험성은 줄어들 수 있다. 따라서 사이버폭력 피해를 입었을 때 혼자서 고민하고 부정적인 생각을 증폭시키기보다는 주변 지지자들을 찾아서 고민을 함께 나누는 것이 중요하다.

친구들도 지지를 해 주고 남자친구가 많이 위로해 줬어요. 걔가 이상한 거야.

가장 도움이 됐던 건 저를 지지하는 사람들이 있었다는 거였고요. 내 말을 들어 주고 내 입장도 헤아려 줄 수 있는 사람이 있었다는 것 자체가 좋은 거였고, 만약에 그런 사람들이 없었다 하면은 그런 왕따 상황이 있었을 때 무조건 그 상황을 피했을 것 같아요. 가장 많이 도움이 된 건…… 지지하는 사람들이 있었다는 것.

어차피 나를 따라 주는 사람이 있으니까 내가 100% 잘못한 건 아니다. 내가 잘못이 아니라고 말해 주는 사람이 있으니까 의지할 구석이 생긴 것도 좋은 것이었고.

(3) 다른 활동을 하면서 그저 이 경험을 흘려보내려고 노력함

사이버폭력을 당했을 때 그 생각에 얽매여 있기보다는 신경을 쓰지 않고 내 인생에 큰 영향을 미치지 않았다고 믿으며 흘려보내는 경우 그 피해를 경감시킬 수 있다. 또 집중할 수 있는 다른 활동을 하는 방법도 도움이 될 수 있다.

> 처음에는 불안해서 주목하고 관심 가지면서 계속 살펴봤는데. 마지막쯤엔 별로 영향도 없고 그냥 흘려버리자…… 이렇게 된 거죠.

> 신경 쓰지 말자. 제 인생에 영향을 미치는 것도 아니고 잠시 기분이 나빠지는 거니까, 하루 지나면 신경 쓰이지 않을 거 다른 것에 차라리 집중을 하자 이렇게 할 것 같아요. 큰 영향을 주는 것도 아니니까.

> 음, 저는 화가 났을 때는 그걸 잊어버리려고 웃긴 사진이나 동영상 같은 걸 보면서 그럼 한순간 잊혀지잖아요. 그럼 가끔 (사이버폭력이) 생각이 나도 그때만큼 강렬해지진 않거든요?

> 일단 꺼 버리고 최대한 다른 것에 집중하려고 일부러 즐거운 음악 듣고, 영상 즐거운 거 보고 그러면서.

(4) 주변 사람들과 대화하거나 도움을 요청함

사이버폭력을 당한 후 혼자서 고민을 하고 있기보다는 주변 사람들과 이 문제에 대해서 이야기를 나누고 도움을 요청해서 함께 문제를 해결하는 것은 도움이 될 수 있다.

> 적당히 게임에서 좀 친하고 말도 좀 잘 통하는 친구가 저한테 먼저 물어봤어요. '좀 도와줄까?' 하다가, 처음엔 괜찮다고 했는데 계속 말이 안 통하니까 안 되겠다고, 아 이거 중간에서 얘기 좀 잘해 달라고 얘기를 해 줬어요. 가해자를 아는 중재자들한테 그래서 얘기가 잘돼서 마지막에는 가해자랑 저랑 이야기를 좀 하긴 했어요. 그래서 말이 좀 통해서…….

> 저는 이제 언니한테, 친언니한테 이 사람들이 욕을 한다 이런 식으로 얘기한 적이 있었어요. 그러니까 언니가 그걸 보더니 언니가 저 대신 막 해 줬었거든요? 채팅방에 욕을 대신 해 주고 그랬었는데, 그래서 언니 도움을 되게 많이 받았어요.

> 같이 공감할 수 있는 친구랑 있을 때는 걔가 지나갈 때 막 욕하고 그러거나…… 같이 싫다고 얘기하고 다니고 그랬던 것 같아요.

> 저 같은 경우는 스트레스 받거나 짜증 나면 주변에 말을 하는 편이에요. 일단은 제일 가까운 사람들이 동생들. 여동생한테 울고불고 이야기를 막 했죠. 그리고 가족들, 친구들 다 이야기하는 편이에요. 그러면서 내가 이제 다 내보내면 그제서야 좀 나아지는 그런 스타일이에요.

이와 같이 두경희와 정여주(2016)의 연구에서 밝혀낸 사이버폭력의 부정적 영향을 경감시키는 방안들은 사이버폭력 피해 청소년들을 상담하면서 그들에게 조금 더 실제적인 도움을 줄 수 있는 방향이 될 수 있다. 그러나 많은 상처를 입은 대부분의 사이버폭력 피해자들은 이런 방식의 생각과 행동의 전환을 쉽게 하지 못하기 때문에 상담자의 면밀한 관심과 전문적인 상담 접근이 필요할 것이다.

3. 사이버폭력 목격자

1) 사이버폭력 목격자 유형과 특징

사이버폭력이 일어나는 상황에 함께 있거나 사이버폭력을 가하거나 피해를 당하는 장면을 사이버상에서 보는 목격자는 누구나 될 수 있다. 물론 일반적인 학교폭력도 누구나 목격을 할 수 있기는 하나, 사이버상에서는 악성 댓글, 합성사진 유포, 단체대화방에서의 욕설, 게임 내에서의 싸움 등이 매우 자주 일어나기 때문에 대부분의 청소년이 이를 목격한 경험이 있을 수 있고, 그때 어떻게 행동하는 것이 좋을지 몰라서 망설이고 있을 가능성이 높다. 또 사이버폭력의 특성상 목격자가 나서서 피해자를 방어하고 가해자를 공격할 경우, 불특정 다수의 사람들이 다시 그 목격자를 피해자로 만들어 버리거나 플레이밍과 같이 수많은 사람이 달려들어 불꽃 튀는 사이버상의 전쟁이 시작될 수 있기 때문에, 목격을 한 후 적극적으로 방어하는 행동을 하는 것도 쉽지 않다. 그러나 사이버폭력의 목격자가 아무것도 하지 않으면 가해행동에 동조하거나 가해행동을 방조한 것처럼 보일 수 있기 때문에 목격자가 가만히 있는 것도 문제가 될 수 있다. 이처럼 사이버폭력 목격자들이 목격 후 자신들이 해야 할 행동에 대한 지침이 없어 혼란스러워하는 상황에 대해 상담자 또는 교육자들은 이 상황을 이해하고 목격자도 피해자와 마찬가지로 보호하는 입장에서 상담 또는 교육을 진행할 필요가 있다.

이처럼 목격자의 역할이 매우 중요한 상황이지만 사이버폭력 목격자에 대한 연구는 찾아보기 힘들다. 사이버폭력 가해자와 피해자에 대한 연구들은 2000년대에 들어서면서부터 20년간 계속 진행되어 왔으나, 사이버폭력을 목격한 사람들이 보이는 반응의 특징에 대한 연구는 많지 않다. 기존 연구들 중에 bystanders, 한국어로는 최근에 주변인이라고 번역되어 사용되고 있는 연구들이 있기는 하지만, 이 또한 사이버폭력보다는 학교폭력 주변인 연구들이 대다수이다. 사이버폭력 주변인에 대한 연구도 기존의 전통적인 학교폭력 주변인의 특징을 그대로 가져와서 학교폭력과 사이버폭력 주변인 간의 특징을 구분하고 있다.

이 장에서는 적은 숫자이지만 그동안 연구된 내용을 바탕으로 사이버폭력 주변인의 특징을 구분해 보고자 한다. '주변인'이라는 용어가 학계에서는 더 많이 사용되고 있기는 하나, 이 책에서는 조금 더 이해하기 쉬운 '목격자'라는 용어로 사이버폭력 주변인의 특징을 설명해 보려고 한다.

Salmivalli 등(1996)은 전통적인 학교폭력의 주변인을 4가지 특성으로 나누었으며, 이후 Salmivalli와 Peets(2009)는 그 4가지 유형이 보일 수 있는 특징에 대해서 구체적으로 정리하고 주변인들에 대한 상담 및 교육 방법에 대한 팁을 제시했다. 이들이 제시한 4가지 유형은 조력자(assistant), 강화자(reinforcer), 방관자(outsider), 방어자(defender)이다. 조력자는 학교폭력의 가해자를 도와주면서 그 행동을 계속해서 할 수 있도록 한다. 학교폭력 가해자 주위에서 함께 학교폭력을 할 수 있도록 해 주기 때문에 조력자는 학교폭력 가해자와 비슷한 역할을 하고 있다고 볼 수 있다. 강화자는 가해자의 행동에 대해서 어떤 반응을 하지 않지만 암묵적으로 동의하는 메시지를 보내면서 가해자의 가해행동을 더 증가하게 만드는 역할을 한다. 방관자는 학교폭력이 일어나는 상황을 지켜보고 있기는 하나, 이에 대해 아무런 역할을 하지 않고 방관하고 회피하는 특성을 보인다. 방관자들은 학교폭력 상황에 대해 무관심하게 보이기는 하나, 심리적으로는 스트레스를 받고 있는 경우가 많다. 마지막으로 방어자는 학교폭력 상황에서 어떻게 행동해야 하는지에 대한 뚜렷한 인식을 가지고 피해자를 적극적으로 방어하기 위해 나서는 모습을 보인다. 방어자는 학교폭력 피해자에게 중요한 역할을 하고 가해자의 행동을 줄어들도록 하기도 하나, 어떤 경우에는 방어자가 다시 피해자가 되는 경우도 존재한다.

이러한 Salmivalli 등(1996)이 설명한 학교폭력 목격자 또는 주변인의 4가지 분류가 사이버폭력의 경우에도 어느 정도 접목

될 수 있기는 하나, 사이버폭력의 경우 학급이나 학교라는 공간 안에서가 아닌 사이버상에서 일어나는 상황이기 때문에 조금 다른 관점으로 바라볼 필요가 있다. 사이버 공간은 익명의 공간인 경우도 많으며, 적극적으로 방어해 주는 목격자가 많으면, 가해자가 익명의 아이디 뒤에 숨어서 이렇게 관심 받는 것을 즐기기도 한다. 또 피해자도 오히려 문제를 키우지 않고 조용히 넘어가기를 바라는 경우도 있어, 방어자의 행동에 대해 달갑게 여기지 않는다. 그리고 단체채팅방 같은 곳에서 사이버폭력 가해행동이 나타나면, 조용히 그 채팅방을 나오는 행동 자체가 방관행동이지만 가해자에게는 영향을 미칠 수 있는 행동이 되기도 한다. 이러한 사이버 공간의 특성을 고려하면서 Salmivalli 등(1996)이 제시한 유형을 참고하여, 이 장에서는 사이버폭력 목격자의 유형을 [그림 4-3]과 같이 분류해 보았다.

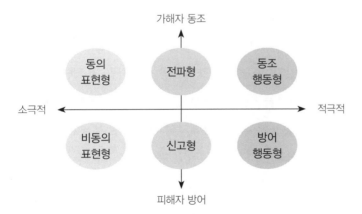

[그림 4-3] 사이버폭력 목격자 유형

[그림 4-3]을 좀 더 자세히 살펴보면, 사이버폭력을 목격한 사람들이 보이는 행동 유형을 크게 적극적인가 소극적인가, 그리고 가해자에게 동조하는가 피해자를 방어하는가의 축으로 나누어서 살펴볼 수 있다. 이러한 축 위에 6가지 유형을 놓을 수 있다고 보고, 각 유형의 특징을 설명해 보면 다음과 같다.

(1) 동조행동형

동조행동형은 사이버폭력 가해자의 행동에 가장 적극적으로 동조하는 유형으로 볼 수 있으며, 적극적으로 가해자가 하는 행동이나 댓글 등에 동조하면서 같이 욕을 하거나 피해자를 괴롭힌다. 따라서 동조행동형은 처음에는 목격자였으나, 피해자 입장에서 바라볼 때 가해자와 마찬가지의 역할을 할 수 있다.

동조행동형에 속하는 청소년들은 언제든지 사이버상에서 누군가를 비난하거나 누군가의 사진을 돌리는 가해행동이 발생하면 이를 함께 즐기고, 피해자를 놀리고 괴롭히는 등의 행동에 함께 참여할 준비가 되어 있다. 사이버상에서는 이런 일들이 도처에 깔려 있기 때문에, 동조행동형에 속하는 청소년들은 이런 갈등이 일어나는 장소를 열심히 찾아다니며 함께 참여하곤 한다. 여기서 동조행동형과 가해자의 차이를 굳이 찾는다면, 가해행동을 맨 처음 시작하거나, 직접 피해자의 사진이나 정보를 캐내어 먼저 가해행동을 일으키지 않는다는 정도이다. 그 이후에 벌어지는 행동들을 보면, 가해자와 비슷하거나, 아니면 최초 유포자인 가해자보다 더 잔인하게 피해자의 고통을 즐기는 경우도 발생하므로, 사이버폭력에 있어서 동조행동형은 가해자의 한 분류에 들어간다고 볼 수도 있을 것이다.

(2) 전파형

전파형은 동조행동형처럼 가해자의 행동을 부추기거나 가해자가 하는 행동을 그 자리에서 함께 하지는 않는다는 점에서 적극성이 조금 떨어진다. 사이버폭력 가해행동이 일어나는 장면에서는 가만히 지켜보고 있거나 어느 정도 무의식적인 동조를 하면서 그 상황에 대해 재미를 느낀다. 그러나 적극적으로 피해자를 괴롭히는 행동을 하는 것은 문제가 될 수 있어 두렵기도 하고 죄책감을 느낄 수도 있기 때문에 직접적으로 피해자를 괴롭히지는 않는다.

그러나 전파형은 그 상황을 안전하다고 생각하는 주변의 사람들에게 전파한다. 즉, 그 단체채팅방의 대화를 캡처하거나, 가해자가 올린 글과 악성댓글들을 캡처하여 자신이 아는 사람들과의 단체채팅방에 뿌리거나, 자신의 인스타그램, 페이스북 등의 SNS에 공유하여 가해 상황에 직접 있지 않은 사람들에게까지 상황을 전파한다.

전파형에 속하는 청소년들과 대화해 보면 자신의 이런 행동들이 가해자를 더 부추길 수 있으며, 피해자의 피해 정도를 수백 배로 더 높일 수 있다는 사실을 잘 모르고 있는 경우가 많다. 그저 사이버 공간에서 일어난 흥미로운 이슈를 주변 사람들과 공유하고 가십거리로 삼는 정도라고 느끼기 때문에 자신의 행동에 대해서 반성하거나 죄책감을 느끼지 않는 경우가 많다.

(3) 동의표현형

동의표현형은 적극적으로 사이버폭력 가해자의 행동을 부추기거나 거기서 일어난 사건을 캡처하여 전파하는 등의 움직임을 보이지는 않으나, 그 장면에서 나가지 않고 지켜보면서 함께 즐기고 있는 유형이다. 기존의 학교폭력 주변인 유형에서는 방관자로 분류되는 유형일 수 있으나, 사이버폭력 장면에서 이들은 단순한 방관자라고 볼 수는 없다. 예를 들어, 2019년에 굉장히 큰 사회문제가 되었던 연예인 A씨와 친한 연예인들의 카카오톡 사건을 생각해 볼 수 있다. 이 카카오톡 단체채팅방에서 A씨는 자신과 성관계를 맺은 여성들의 나체 사진을 공유했고, 그 여성들을 성적으로 비하하는 발언을 서슴지 않고 했다. 이때 A씨의 말에 적극적으로 동의하면서 함께 그 여성들에 대해 발언을 한 사람들도 있었지만, 조용히 그 단체채팅방에서 나가지 않고 웃기만 했던 사람도 있었다. 이처럼 사이버폭력이 일어나는 상황 속에서 적극적으로 사이버폭력에 동조하며 참여하지는 않지만, 그 자리를 뜨지 않고 함께 있으면서 함께 이를 즐기고 있다는 표시를 보여 주며 동의를 표현하는 사람이 동의표현형에 속할 것이다.

동의표현형에 속하는 청소년들은 사이버폭력 가해자가 법적 처벌을 받을 때에도 가벼운 처벌을 받거나 아니면 처벌을 피해갈 수 있다. 그러나 이들이 단순히 사이버폭력을 방관하고 회피한 것이 아니라, 사이버폭력 상황을 함께 즐기면서 관람했다는 면에서 이들에 대한 상담 개입에 대해 고려할 필요가 있다. 사이버 공간에 동의표현형 사람들이 많아지면 많아질수록 사이버폭력 가해자는 수많은 관심을 받는다고 느끼면서 점점 더 가해행동의 수위를 높여 갈 수 있다.

(4) 방어행동형

방어행동형은 사이버폭력 가해가 일어나는 상황에서 가장 적극적으로 피해자를 옹호하고 방어하는 행동을 하는 유형이다. 가해자에게 직접적으로 화를 내면서 싸우기도 하고, 사이버폭력이 법적 처벌을 받을 수 있는 행동이라는 점을 알려 주기도 한다. 또 피해자가 이런 상황을 신고할 수 있도록 돕거나 피해자가 힘을 내서 이 상황에서 벗어날 수 있도록 도와준다는 점에서 방어행동형은 사이버폭력 가해를 줄이도록 하는 데 도움을 줄 수도 있다.

그러나 사이버 공간의 특성상 사이버폭력 가해자들은 자신이 만들어 낸 아이디인 새로운 정체성 뒤에 숨어서 이렇게 방어행동을 하는 사람들이 자신을 공격하는 상황을 즐기기도 한다. 가해자가 하는 가해행동과 목격자가 하는 방어행동이 서로 부딪혀 갈등이 크게 일어나면 그것 자체가 플레이밍 상황으로 번져 나가기도 하며, 더 많은 사람이 가해자의 편과 피해자의 편으로 갈라져서 큰 싸움이 일어나 이슈가 되기도 하기 때문이다. 이런 상황이 되면 목격자의 방어행동이 오히려 가해자를 부추기는 행동이 되기도 하기 때문에, 전통적인 학교폭력 상황과 다르게 사이버폭력 상황에서는 방어행동의 수위를 상황에 따라 조절할 필요가 있다.

(5) 신고형

신고형은 전통적인 학교폭력 상황보다 사이버폭력 상황에서 두드러지게 많이 나타날 수 있는 유형이다. 네이버, 다음 등의 유명 포털 사이트나 페이스북, 인스타그램, 유튜브 등의 SNS에서 각종 문제성 글이나 악성 댓글을 없애기 위한 노력을 하고 있다. 그러한 노력의 일환으로 참여자들이 스스로 자정작용을 할 수 있게끔 모든 글과 댓글 등에는 신고 기능을 달아두었다. 즉, 신고형에 속하는 사람들은 사이버폭력 상황이 일어났을 때 직접적으로 가해자에게 가해행동을 저지시키거나 피해자를 방어하면서 나서지는 않지만, 그 상황을 목격하고 바로 이를 운영자에게 신고하거나, 신고 버튼을 눌러서 더 이상 그 글이나 사진이 유포되지 않도록 막기도 한다.

신고형에 속하는 사람들은 직접적으로 피해자를 방어하지 않는다는 면에서 적극성이 떨어진다고 볼 수 있으나, 그럼에도 그 상황을 그냥 무시하거나 회피하면서 넘어가지 않고, 운영자에게 신고하고 문제를 제기한다는 점에서 어느 정도의 적극성이 있다고 볼 수 있다. 또 실제로 이러한 신고는 가해자들의 아이디를 정지시키거나 가해자에게 경고가 갈 수 있도록 되어 있기 때문에 가해자의 이후 가해행동을 줄이도록 하는 데 도움을 줄 수도 있다. 그러나 이미 사이버폭력의 피해를 입은 피해자의 마음을 공감해 주거나 그 피해자를 도와줄 수는 없다는 점에서 아쉽기는 하다.

(6) 비동의표현형

사이버 공간에서는 온전하게 방관만 하는 방관자는 존재하지 않는 것처럼 보인다. 방관하는 듯하나 그 상황을 바라보며 즐기고 있는 유형은 동의표현형에 속한다고 말했다. 그와 다르게, 방관하는 듯하나 그 상황을 피하거나 비동의를 표현하는 유형도 존재한다. 예를 들어, 앞서 설명한 예에서 연예인 A씨가 운영하는 단체채팅방을 삭제하고 나온 연예인도 존재했는데, 이 경우가 비동의표현형에 들어간다고 볼 수도 있다. 처음에는 A씨의 절친으로 소문이 나서 이 사이버폭력 가해행동에 동참한 것으로 잘못 보도되었지만 법적 처벌의 대상이 되지 않고 조용히 활동을 중단한 연예인도 있었다. 추후 그 연예인의 얘기를 들어 보면, 카카오톡 단체채팅방에서 A씨가 사이버폭력 가해에 해당하는 행동들을 하는 것을 보고 자신은 아무런 말도 하지 않고 그 채팅방을 나왔다고 한다. 이러한 행동은 피해자를 방어하거나 가해자의 가해행동을 적극적으로 저지한 행동은 아니지만, 가해자로 하여금 이 사람은 이런 상황이 불편하거나 이런 상황에 동조하지 않는구나 하는 인식을 갖게 할 수는 있다. 비동의표현형은 최소한의 양심에 반응하는 행동이라고 볼 수 있으며, 가해자에게 적어도 그들의 행동에 동조하거나 그러한 행동을 함께 즐기지는 않는다는 점을 표현하고 있는 것이다.

그러나 비동의표현형은 말 그대로 최소한 자신이 그러한 사이버폭력 가해행동을 용납하고 머무르면서 그 상황을 즐기지 않는 것을 선택했을 뿐, 직접적으로 사이버폭력을 막지는 않았다는 점에서 아쉬움을 남긴다. 그렇지만 방어행동을 하는 청소년들은 다시 그들 자신이 피해자가 될 수 있다는 점을 감안할 때, 비동의표현형이 되는 청소년들에게 무조건 용기를 내서 싸우라고 강조하는 것도 무리가 있을 것이다.

2) 사이버폭력 목격자 행동에 연관된 요인

앞에서 설명했듯이, 사이버폭력 목격자 또는 주변인에 대한 연구가 국내외에서 많이 진행되지는 않았기 때문에, 사이버폭력 목격자들이 어떤 행동을 하는지에 영향을 미치는 요인에 대한 연구도 많이 진행되지는 않은 편이다. 따라서 앞으로 사이버폭력을 연구하는 연구자들이 목격자에게 좀 더 관심을 가지고 연구를 진행할 필요가 있다. 지금까지 연구된 자료에서 사이버폭력 목격자의 행동과 연관되어 있다고 밝혀진 변인들은 다음과 같다.

먼저, 학교폭력 주변인 연구에서도 많이 거론된 도덕적 이탈(moral disengagement) 정도가 사이버폭력 목격자의 행동에도 연관될 수 있다(Kyriacou & Zuin, 2018; Price, Green, Spears, Scrimgeour, & Barnes, 2014). 일반적으로 도덕적 이탈 수준이 높은 사람들은 자신이 해로운 행동을 할 때 이것을 좋은 것으로 해석하기도 하고, 자신에게 책임이 없다고 생각하기도 하고, 해로운 행동으로 일어난 피해 상황에 대해 왜곡하거나 축소하며, 결과에 대해 희생자의 책임을 강조하는 특징을 보인다. 이러한 도덕적 이탈 수준이 높으면 보통 비행 가해자가 되기 쉽다. 그러나 가해행동을 반드시 하는 것은 아니며, 오히려 사이버폭력 가해 상황을 목격했을 때 어떤 방식으로든 가해행동에 동조하는 반응을 보일 수 있다. 그러나 도덕적 이탈 수준이 낮은 청소년들은 적극적이든 소극적이든 가능한 한 가해자의 가해행동에 동조하지 않는 행동을 하려고 할 것이다.

둘째, 공감능력은 가해자에게뿐만 아니라 목격자에게도 중요한 영향을 미칠 수 있다(Almeida, Correia, Marinho, & Garcia, 2012). Salmivalli, Voeten, Poskiparta(2011)가 진행한 전통적인 학교폭력에 대한 연구에서 공감을 하는 정도가 학교폭력 방어자의 방어행동에 영향을 미친다는 결과를 볼 수 있다. 마찬가지로, 높은 수준의 공감능력을 지닌 청소년들은 사이버폭력 상황을 목격하면 피해자의 고통이나 괴로움을 쉽게 공감하게 될 것이다. 피해자가 자신에 대한 공격적인 글을 보거나 자신이 원치 않는 사진이 돌아다니는 것을 봤을 때 얼마나 힘든 감정을 느낄지를 공감하게 된다면, 목격자는 적극적으로 피해자를 방어해 주거나 아니면 적어도 가해자가 그러한 행동을 더 이상 하지 못하도록 신고를 하거나 최소한 그 행동에 동의하지 않는다는 표현을 하게 될 것이다.

셋째, 또래들 사이에서 청소년들이 받아 온 사회적 지지, 또

는 자신이 친구들과 괜찮은 관계를 맺고 있다는 사회적 자기효
능감 등 사회적 관계를 얼마나 잘 맺어 오고 있는가는 목격자의
행동에 큰 영향을 미칠 수 있다. 실제로 학교폭력 장면에서도
또래에게서 지지를 받고 인기가 있는 청소년들은 방어하는 행
동을 할 확률이 높은 것으로 연구에서 드러났다(Gini & Pozzoli,
2009). 친구들과 좋은 관계를 맺고 있으며 친구들로부터 지지와
인기를 얻고 있고, 사회적 자기효능감이 높은 청소년들은 자신
의 친구들이 사이버폭력을 당하는 장면을 보았을 때, 함께 적극
적으로 방어해 주거나 신고를 하는 등 피해자를 보호하기 위한
행동을 할 가능성이 높다.

　그 외에도 사이버폭력을 목격한 청소년들이 이런 상황을 보면
서 죄책감을 어느 정도 심하게 느끼는지 또는 그 상황에 얼마나
몰입해서 심각성을 판단하고 있는지, 사이버폭력 상황을 나눌
수 있는 성인(부모 또는 교사 등)과의 관계가 얼마나 친밀하고 신
뢰할 수 있는지 등이 목격자의 행동 방향을 다르게 할 수 있다.

　이처럼 사이버폭력 목격자들이 어떤 행동을 취하는지와 연관
된 요인들은 다양하며, 앞으로도 더 연구가 되어야 하는 부분이
다. 사이버폭력 관련 연구나 상담을 진행하는 사람들은 이러한
목격자들의 특성에 관심을 가지고, 어떻게 하면 목격자들이 가
해자에게 동조하는 행동이 아닌 피해자를 방어하는 행동을 할
수 있을지, 그리고 사이버폭력 상황에 따라 목격자 자신이 위험
한 상황에 빠지지 않도록 스스로를 보호하면서 피해자 방어를
할 수 있을지 등에 대해 함께 고민할 필요가 있다.

제5장

사이버폭력 관련 척도

사이버폭력 문제를 해결하기 위해서는 적합한 척도를 사용하는 것도 중요하다. 이 장에서는 그동안 필자가 연구를 통해 개발한 사이버폭력 피해 척도, 사이버폭력 가해 척도, 사이버폭력 목격 척도, 사이버폭력으로 인한 정서 반응, 인지 변화, 행동 반응 척도를 소개하고자 한다. 또한 제1장에서 설명한 인터넷 사용욕구의 특징을 반영한 인터넷 사용욕구 척도도 소개하고자 한다.

1. 사이버폭력 피해 척도

사이버폭력 피해를 측정하기 위한 척도는 국외에서 먼저 개발되었는데, 대표적인 것은 Erdur-Baker와 Kavsut(2007)가 개발한 CBI(Cyber Bullying Inventory)와 이를 수정한 RCBI(Revised Cyber Bullying Inventory)이다. 이 척도에서는 같은 문항을 제시하고 나에게 일어난 것으로 체크하면 피해로, 내가 그 일을 한 것으로 체크하면 가해로 분류했다. Nicol과 Fleming(2010)은 핸드폰상의 사이버폭력만을 측정하는 검사를 개발하여 여기에서도 피해와 가해를 동시에 물어보았다. Law, Shapka, Hymel, Olson, Waterhouse(2012)가 개발한 척도에서는 사이버상에서 공격받는 콘텐츠를 메시지와 사진으로 구분하고 이를 측정하기도 했으며, Mura, Topcu, Erdur-Baker, Diamantini(2011)는 사이버폭력을 채널별, 즉 협박 메일이나 문자, SNS, 온라인상 루머, 장난전화, 토론 게시판 등으로 나누어서 그 피해의 정도를 측정하는 척도를 제시하였다.

국내에서는 정여주, 김한별, 전아영(2016)이 개발한 청소년 사이버폭력 피해 척도가 있는데, 선행 연구와 청소년 인터뷰를 바탕으로 하여 예비 문항을 개발한 후 예비조사 272명, 본조사 1,105명에게 검사를 실시하여 문항을 선정하고, 신뢰도와 타당도를 확보했다. 이 척도의 18문항 전체 신뢰도는 Cronbach's Alpha 값이 .931로 나타났으며, 각 하위 구인별 Cronbach's Alpha 값은 언어폭력 .938, 명예훼손 .844, 플레이밍 .879, 따돌림 .798로 나타났고, 준거타당도와 구인타당도를 모두 확보하였다. 구인타당도의 경우 NFI, TLI, CFI, RMSEA가 .962, .961, .971, .053으로 나타나 모형이 적합한 것으로 나타났다.

이 척도의 문항은 〈표 5-1〉과 같으며, '전혀 아니다-1점, 아니다-2점, 보통이다-3점, 그렇다-4점, 매우 그렇다-5점'의 점수로 체크할 수 있다. 이 척도는 국외의 척도들과 다르게 사이버폭력의 유형별 피해 경험을 파악할 수 있다는 점에서, 사이버폭력 피해를 입는 청소년들을 상담하거나 연구할 때 유용할 수 있다.

〈표 5-1〉 사이버폭력 피해 척도

	문항	하위 요인명
1	사이버상에서 다른 사람에게서 조롱하는 말을 들은 적이 있다.	언어폭력
2	사이버상에서 다른 사람에게 반말이나 막말을 들은 적이 있다.	
3	사이버상에서 다른 사람에게 무시하는 말을 들은 적이 있다.	
4	사이버상에서 다른 사람을 업신여기거나 낮추어 말한 것을 들은 적이 있다.	
5	사이버상에서 다른 사람에게 패드립(부모님을 들먹이는 욕)을 들은 적이 있다.	
6	누군가가 나에 대한 나쁜 소문이나 악의적인 루머를 포스팅하거나 다른 사람에게 보낸 적이 있다.	명예훼손
7	누군가가 사이버상에서 나의 평판이나 대인관계에 해를 입힐 만한 문자나 글을 쓴 적이 있다.	
8	나의 허락 없이 개인적인 비밀이 사이버상으로 퍼트려져 곤란함을 겪은 적이 있다.	
9	나의 생각이나 글에 대해 이유(관련) 없는 비난 및 비방을 들은 적이 있다.	플레이밍
10	나의 외모, 성격 등에 관하여 사이버상에서 모욕을 당한 적이 있다.	
11	사이버상에서 나에 대한 저급한 내용이나 사실이 아닌 내용이 담긴 글을 본 적이 있다.	
12	나는 확실한 이유 없이 사이버상에서 괴롭힘을 당하거나 성가신 일을 겪은 적이 있다.	
13	사이버상에서 원치 않는 음란물 사이트로 초대된 적이 있다.	음란물
14	사이버상에서 성적인(야한) 내용물이 있는 사진/영상을 받은 적이 있다.	
15	사이버상에서 원하지 않는 성적인(야한) 메일이나 메시지를 받았다.	

16	채팅서비스(카카오톡, 라인 등) 이용 중 친구에게 친구 신청을 거부당하거나 단체대화방에서 제외된 적이 있다.	따돌림
17	친구들이 채팅서비스에서 나만 알아듣지 못하는 말을 사용하여 소외당한 적이 있다.	
18	채팅서비스(카카오톡, 라인 등)에서 나에게 욕설 등의 심한 말을 한 적이 있다.	

출처: 정여주, 김한별 등(2016).

2. 사이버폭력 가해 척도

국외의 사이버폭력 가해 척도는 앞에서 설명한 RCBI 외에도 Blakeney(2012)가 개발한 척도가 있는데, 이 척도는 사이버폭력 가해의 하위 요인을 일반적 괴롭힘, 언어적 괴롭힘, 관계적 괴롭힘, 미디어를 사용한 포함(inclusion using media), 미디어를 사용한 배제(exclusion using media)로 구분하고 있다.

국내의 경우 정여주(2016)가 예비연구를 진행하고, 정여주와 신윤정(2020)이 최종 개발한 사이버폭력 가해 척도 문항은 〈표 5-2〉와 같다. '전혀 아니다-1점, 아니다-2점, 보통이다-3점, 그렇다-4점, 매우 그렇다-5점'의 점수로 체크할 수 있다. 국외에서 연구자들이 사용하는 사이버폭력 척도는 대부분 사이버폭력의 세부 유형을 살펴볼 수 없는 것에 비해, 이 척도는 사이버폭력 가해가 특히 어떤 유형으로 일어나는지 확인할 수 있어, 앞으로 사이버폭력 가해자를 연구하는 다양한 분야에 활용될 수 있다.

정여주와 신윤정(투고 중)의 척도에서 나타난 신뢰도는 .929
였으며, 각 하위 구인별로는 언어폭력 .949, 명예훼손 .845, 소

〈표 5-2〉 사이버폭력 가해 척도

	문항	하위 요인명
1	사이버상에서 다른 사람에게 막말을 한 적이 있다.	언어폭력
2	사이버상에서 다른 사람에게 무시하는 말을 한 적이 있다.	
3	사이버상에서 다른 사람에게 비하하는 말을 한 적이 있다.	
4	사이버상에서 다른 사람에게 욕을 한 적이 있다.	
5	사이버상에서 다른 사람에 대해 조롱하는 말을 한 적이 있다.	명예훼손
6	사이버상에서 다른 사람 성격에 대해 비난(예: 인성쓰레기 등) 하는 말을 한 적이 있다.	
7	채팅서비스(카카오톡, 타임라인, 에스크 등) 이용 중 친구들의 친구 신청을 거부하거나 단체대화방에서 친구를 제외시킨 적이 있다.	소외
8	사이버 게임상에서 친구들을 고의적으로 소외시킨 적이 있다.	
9	채팅서비스에서 특정 친구가 알아듣지 못하는 말을 사용하여 소외시킨 적이 있다.	
10	사이버상에서 모르는 사람에게 적대적인 말이나 욕설을 한 적이 있다.	플레이밍
11	사이버상에서 누군가의 게시글에 다수가 적대적인 말이나 욕설을 할 때, 참여한 적이 있다.	
12	사이버상에서 모르는 사람의 험담이나 무시하는 말을 한 적이 있다.	
13	사이버상에서 상대방의 야한 사진을 요구한 적이 있다.	성폭력
14	사이버상에서 원치 않은 성적인(야한) 내용이 담긴 글 또는 소설을 보낸 적이 있다.	
15	사이버상에서 다른 사람을 대상으로 하는 야한 내용이 담긴 글이나 사진/동영상을 퍼트린 적이 있다.	

출처: 정여주(2016); 정여주 등(2020); 정여주, 신윤정(2020).

외 .859, 플레이밍 .713, 성폭력 .939로 나타났다. 또 준거타당도와 구인타당도도 통계적으로 매우 유의하게 나타났다.

3. 사이버폭력 목격 척도

사이버폭력 피해 척도와 사이버폭력 가해 척도는 국내외에 몇 개 존재하기는 하나, 사이버폭력 목격을 측정할 수 있는 척도는 거의 존재하지 않았다. Bauman(2012)이 미국 내에서 사이버폭력 현황을 실태조사하면서 사이버폭력을 목격한 적이 있는지 확인하고, 목격한 학생들이 어떻게 행동했는지를 물었는데, 이 방식 또한 실태조사의 1~2문항으로 이루어져 있어 신뢰도와 타당도를 제대로 갖춘 척도라고 하기에는 무리가 있다.

이러한 필요성에 의해 정여주 등(2020)은 사이버폭력 예방 및 대응 시스템에 대한 연구를 진행하면서 사이버폭력 피해 및 가해 청소년뿐만 아니라 사이버폭력 목격 청소년들에 대해서도 확인하였다. 이때 사용된 척도의 신뢰도와 타당도를 확보하여 정여주와 신윤정(투고 중)은 사이버폭력 목격 척도를 개발하였는데, 이 연구에서 척도의 신뢰도는 .962였으며, 각 하위 구인별로는 언어폭력 .977, 명예훼손 .898, 소외 .933, 플레이밍 .932, 성폭력 .951로 나타났다. 또 준거타당도와 구인타당도도 통계적으로 매우 유의하게 나타났다.

이 사이버폭력 목격 척도는 사이버폭력 가해 척도(정여주, 신

〈표 5-3〉 사이버폭력 목격 척도

문항		하위 요인명
1	사이버상에서 다른 사람에게 막말을 하는 것을 본 적이 있다.	언어폭력
2	사이버상에서 다른 사람에게 무시하는 말을 하는 것을 본 적이 있다.	
3	사이버상에서 다른 사람을 비하하여 말하는 것을 본 적이 있다.	
4	사이버상에서 다른 사람에게 욕을 하는 것을 본 적이 있다.	
5	사이버상에서 다른 사람에 대해 조롱하는 말을 하는 것을 본 적이 있다.	명예훼손
6	사이버상에서 다른 사람에게 성격에 대해 비난하는 말(예: 인성쓰레기 등)을 하는 것을 본 적이 있다.	
7	채팅서비스(카카오톡, 타임라인, 에스크 등) 이용 중 친구들의 친구 신청을 거부하거나 단체 대화방에서 친구를 제외시키는 것을 본 적이 있다.	소외
8	사이버 게임상에서 친구들을 고의적으로 소외시키는 것을 본 적이 있다.	
9	채팅서비스에서 특정 친구가 알아듣지 못하는 말을 사용하여 소외시키는 것을 본 적이 있다.	
10	사이버상에서 모르는 사람에게 적대적인 말이나 욕설을 하는 것을 본 적이 있다.	플레이밍
11	사이버상에서 누군가의 게시글에 다수가 적대적인 말이나 욕설을 하는 것을 본 적이 있다.	
12	사이버상에서 모르는 사람의 험담이나 무시하는 말을 하는 것을 본 적이 있다.	
13	사이버상에서 상대방의 야한 사진을 요구하는 것을 본 적이 있다.	성폭력
14	사이버상에서 원치 않은 성적인(야한) 내용이 담긴 글 또는 소설을 보내는 것을 본 적이 있다.	
15	사이버상에서 다른 사람을 대상으로 하는 야한 내용이 담긴 글이나 사진/동영상을 퍼트리는 것을 본 적이 있다.	

출처: 정여주 등(2022).

윤정, 2020)의 문항을 목격 척도의 문항으로 수정하여 개발한 것이며, 이 척도를 통해 청소년들이 어떤 유형의 사이버폭력을 목격했는지 확인할 수 있다(정여주 외, 2022). 앞으로는 이 척도를 활용하여 이러한 목격을 한 청소년들이 어떻게 행동하는지를 확인하는 연구 등이 진행될 수 있을 것이다. 사이버폭력 목격 척도의 문항은 〈표 5-3〉과 같다.

4. 사이버폭력 정서 반응 척도

앞 장에서 설명한 바와 같이 사이버폭력은 피해자로 하여금 다양한 인지적, 정서적, 행동적 변화를 일으킨다. 따라서 사이버폭력 피해를 측정하는 척도 역시 그로 인한 인지적, 정서적, 행동적 반응을 구분하여 측정할 필요가 있다.

정여주와 김한별(2016)은 선행 연구 고찰과 FGI(Focus Group Interview)를 통해 사이버폭력 피해 정서 반응 척도 문항을 개발하고, 청소년들에게 예비조사와 본조사를 실시하여 척도를 개발하였다. 이 척도에서 사이버폭력 피해로 인한 정서 반응은 전체 척도의 신뢰도(Cronbach's Alpha)가 .947, 관계 속 허탈감은 .928, 분노와 불쾌감은 .951, 슬픔과 두려움은 .949로 나타났으며, 준거타당도와 구인타당도 역시 확보하였다. 이 척도 역시 5점 리커트 척도로 구성되어 있다. 사이버폭력 피해자라고 할지라도 모두가 정서적으로 문제가 생기는 것은 아니며, 특히 정서적 어

려움을 느끼는 피해 청소년들을 찾아내서 조기에 상담 개입을
하는 것이 매우 중요하다. 따라서 이 척도는 그러한 피해자들을
찾아내는 데 도움을 줄 수 있다.

〈표 5-4〉 사이버폭력 정서 반응 척도

	문항	하위 요인명
1	사이버폭력을 당한 후 외로웠다.	관계 속 허탈감
2	사이버폭력을 당한 후 배신감과 공허감을 느낀다.	
3	사이버폭력을 당한 후 다른 사람에게 마음을 열기가 어렵고 가까워지고 싶지 않다.	
4	사이버폭력을 당한 후 화가 났다.	분노와 불쾌감
5	사이버폭력을 당한 후 짜증이 났다.	
6	사이버폭력을 당한 후 불쾌했다.	
7	사이버폭력을 당한 후 겁이 났다.	슬픔과 두려움
8	사이버폭력을 당한 후 우울했다.	
9	사이버폭력을 당한 후 울고 싶었다.	

출처: 정여주, 김한별(2016).

5. 사이버폭력 인지 변화 척도

정여주, 김한별, 김희주(2017)는 사이버폭력으로 인한 인지
변화가 어떻게 일어나는지를 측정할 수 있는 척도를 개발하였
다. 이 척도의 25문항 전체 신뢰도는 Cronbach's Alpha 값이
.968이었으며, 각 하위 구인별 Cronbach's Alpha 값은 가해자
에 대한 부정적 개념화 .968, 피해문제의 내면화 .910, 세상 사

람에 대한 평가 .939, 친구관계에 대한 걱정 .938, 결과에 대한
생각 .862로 나타났다. 준거타당도와 구인타당도를 확보하였
으며, 확인적 요인분석 후 NFI, TLI, CFI, RMSEA가 .935, .932,
.945, .068로 적합한 모형으로 확인되었다. 이 척도의 문항은
〈표 5-5〉와 같다.

제4장에서 살펴보았듯이, 사이버폭력 피해를 입은 청소년들
은 다양한 방식으로 세상과 주변 사람들 그리고 자기 자신에 대
한 비합리적 신념을 만들어 내곤 하는데, 이 척도는 피해자들의
이러한 인지 변화를 찾아내서 조기에 상담 개입의 방향을 설정
해 나가도록 도와줄 수 있다.

〈표 5-5〉 사이버폭력 인지 변화 척도

	문항	하위 요인명
1	사이버폭력을 당한 후 가해자가 인성에 문제가 있다고 생각했다.	가해자에 대한 부정적 개념화
2	사이버폭력을 당한 후 가해자가 유치하다고 생각했다.	
3	사이버폭력을 당한 후 가해자가 관심 받고 싶어 한다고 생각했다.	
4	사이버폭력을 당한 후 상대할 가치가 없다고 생각했다.	
5	사이버폭력을 당한 후 가해자가 같잖다고 생각했다.	
6	사이버폭력을 당한 후 가해자가 철이 없다고 생각했다.	
7	사이버폭력을 당한 후 소극적으로 행동하여 왕따가 될 수 있을 것이라 생각했다.	피해 문제의 내면화
8	사이버폭력을 당한 후 경험한 일에 대해 내가 어떻게 생각하고 느끼는지 몰두했다.	
9	사이버폭력을 당한 후 나에게도 잘못이 있으므로 반성해야 한 다고 생각했다.	

10	사이버폭력을 당한 후 이 상황을 받아들여야 한다고 생각했다.	
11	사이버폭력을 당한 후 해명을 해도 믿어 주지 않을 것이다.	
12	사이버폭력을 당한 후 인터넷 어느 한 곳에 나도 모르는 사이 나를 공격하는 글이 있을 수 있다고 생각한다.	
13	사이버폭력을 당한 후 사람들은 사이버상에서 다른 사람에 대해서 잘 모르면서 함부로 이야기한다고 생각한다.	세상 사람에 대한 평가
14	사이버폭력을 당한 후, 인터넷상에서 사람들이 너무 책임감 없게 행동하는 것 같다고 생각한다.	
15	사람들이 사이버상에서는 더 심하게 악의를 퍼붓는다.	
16	사람들은 인터넷을 공격성을 분출하기 위한 통로로 사용한다.	
17	사이버폭력을 당한 후 사람들은 겉과 속이 다르다고 생각한다.	
18	사이버 공간에서 친구에게 욕을 듣고 사이가 틀어질까 봐 걱정이 되었다.	
19	사이버 공간에서 친구에게 욕을 듣고 세상에 혼자 남은 것 같다고 생각했다.	친구 관계에 대한 걱정
20	사이버 공간에서 친구에게 욕을 듣고 다른 친구도 내게 욕을 할까 봐 걱정이 되었다.	
21	사이버 공간에서 친구에게 욕을 듣고 내가 너무 예민한 건지 걱정이 들었다.	
22	사이버 공간에서 다른 사람에게 욕을 들으면 나를 만만하게 보는 것 같다는 생각이 들었다.	
23	사이버폭력을 당한 후 인생에는 이보다 더 나쁜 일이 있을 수도 있다고 내 자신에게 이야기했다.	결과에 대한 생각
24	사이버폭력을 당한 후 내가 경험한 일이 얼마나 끔찍한 일인지에 대해 계속 생각했다.	
25	사이버폭력을 당한 후 경험한 결과로 인해 내가 강한 사람이 될 수 없다고 생각했다.	

출처: 정여주, 김한별 등(2017).

6. 사이버폭력 행동 반응 척도

정여주와 김한별(2017)은 사이버폭력을 당했을 때 어떤 행동 반응들을 하는지 살펴볼 수 있는 척도를 개발하였다. 사이버폭력 피해를 입은 청소년들을 상담하기 위해서는 이들이 사이버폭력 경험 후에 어떤 행동을 했는지를 알아보는 것이 필요하다. 이러한 의미로 개발된 사이버폭력 행동 반응 척도는 25개의 문항으로 구성되어 있으며, 전체 신뢰도는 Cronbach's Alpha 값이 .964이었으며, 각 하위 구인별 Cronbach's Alpha 값은 가해자에 대한 공격적 대응 .889, 주변 사람에게 도움 요청 .933, 관계 강화와 적극적 해결 .932, 회피 .923, 가해자에게 해명 요구 .953으로 나타났다. 또한 준거타당도와 구인타당도를 확보하였다.

이 척도를 통해 사이버폭력 피해를 입은 청소년들이 보이는 행동 반응을 세부적으로 파악하고 그들을 상담 · 교육하는 데 도움을 제공할 수 있을 것이다.

〈표 5-6〉 사이버폭력 행동 반응 척도

	문항	하위 요인명
1	사이버폭력을 당한 후 같이 욕을 했다.	가해자에 대한 공격적 대응
2	사이버폭력을 당한 후 가해자에게 욕을 해서 맞받아친 적이 있다.	
3	온라인 게임에서 사이버폭력을 당한 후 가해자에게 게임 아이템이나 스킬을 사용해 피해를 준 적이 있다.	
4	사이버폭력을 당한 후 친구들에게 상대방에 대한 욕을 했다.	

5	사이버폭력을 당한 후 같은 반 친구들에게 직접 사실에 대해 설명한다.	주변 사람에게 도움 요청
6	사이버폭력을 당한 후 가까운 사람들에게 사실을 알리고 조언을 구한 적이 있다.	
7	사이버폭력을 당한 후 가까운 사람들에게 이야기를 나누면서 정서적 위로를 받기를 바란 적이 있다.	
8	사이버폭력을 당한 후 지인에게 해명 글을 부탁한 적이 있다.	
9	사이버폭력을 당한 후 다른 친구에게 상황을 이야기했다.	
10	사이버폭력을 당한 후 대인관계 개선을 위해 노력한다.	관계 강화와 적극적 해결
11	사이버폭력을 당한 후 더 적극적으로 활동하고 나의 잘못된 점을 수정하기 위해 노력한다.	
12	사이버폭력을 당한 후 글을 쓴 친구와 화해하고 갈등을 해결한 적이 있다.	
13	사이버폭력을 당한 후 친구들에게 평소 나의 평판이 어땠는지 물어본 적이 있다.	
14	사이버폭력을 당한 후 내 편을 확인하게 되고 가까운 사람들과의 관계를 강화했다.	
15	사이버폭력을 당한 후 신경 쓰지 않고 무시했다.	회피
16	사이버폭력을 당한 후 채팅창을 무시했다.	
17	사이버폭력을 당한 후 아무 일도 없었다는 듯이 조용히 지낸다.	
18	사이버폭력을 당한 후 아무런 행동을 취하지 않고 가만히 있었다.	
19	사이버폭력을 당한 후 행동을 취하지 않고 학교에서 기본적인 활동을 수행한 적이 있다.	
20	사이버폭력을 당한 후 글을 쓴 친구를 찾아가 상황에 대해 해명을 요구한 적이 있다.	가해자에게 해명 요구
21	사이버폭력을 당한 후 해명 글을 쓰도록 요구한 적이 있다.	
22	사이버폭력을 당한 후 해당 글을 삭제하고, 정정하는 글을 올릴 것을 요구한 적이 있다.	
23	사이버폭력을 당한 후 사과를 요구한 적이 있다.	
24	사이버폭력을 당한 후 원본 글을 내리게 한 적이 있다.	
25	사이버 공간에서 사이버폭력을 당한 후 가해자에게 나가 달라고 부탁했다.	

출처: 정여주, 김한별(2017).

7. 인터넷 사용욕구 척도

제1장에서 사이버 세계 속 청소년의 특징을 설명하면서, 청소년들이 인터넷을 사용하면서 충족시키는 욕구에 대해서 설명하였다. 이러한 청소년들의 인터넷 사용욕구를 측정할 수 있는 척도가 있어 소개하고자 한다. 이 척도는 한국정보화진흥원(2016)과 함께 정여주 등(2017b)이 개발한 것이며, 신뢰도와 타당도를 확보한 척도이다. 〈표 5-7〉과 같이 전체 35문항이며, 10개의 욕구로 구분된다.

〈표 5-7〉 인터넷 사용욕구 척도

	문항	하위 요인명
1	인터넷에서 만난 사람들과 함께하는 느낌이 들어서 좋다.	온라인 관계 형성
2	인터넷에서 사귄 사람과는 맺고 끊음이 편해서 좋다.	
3	인터넷에서 만난 친구와 이야기할 때는 일일이 반응해 주지 않아도 돼서 편하다.	
4	인터넷에서 만난 친구들과는 창피한 마음이 생기지 않아서 편하다.	
5	인터넷 게임이나 SNS 등을 하지 않으면 친구들과 소속감이 사라질 것 같다.	현실친구 소속인정
6	페이스북 등에서 좋아요 또는 추천을 받으면서 사람들에게 인정받고 있다는 생각이 든다.	
7	현실 속 친구들의 SNS 글에 좋아요 등을 누르면서 호감을 표현하기를 좋아한다.	
8	현실 속 친구들과 더 친해질 수 있어서 인터넷을 하게 된다.	

9	인터넷 안에서 내가 멋진 사람이 된 것 같다.	괜찮은 자기 확인
10	인터넷 안에서 내가 자랑스럽게 느껴진다.	
11	인터넷 안에서 내가 바라는 모습이 되는 것 같다.	
12	인터넷 안에서 나도 모르는 내 모습을 경험할 수 있어서 좋다.	새로운 자기 경험
13	인터넷 안에서는 안 해 봤던 행동들도 해 볼 수 있어서 좋다.	
14	인터넷 안에서 다른 성격의 사람으로 지낼 수 있어서 좋다.	
15	인터넷 안에서 누군가의 글에 대한 내 생각을 표현할 수 있어서 좋다.	생각과 의견 표현
16	인터넷 안에서 나랑 다른 생각을 가진 사람들과 토론할 수 있어서 좋다.	
17	인터넷을 통해서 다양한 사람과 생각을 공유하고 나눌 수 있어서 좋다.	
18	인터넷을 통해 좋아하는 마음을 더 잘 표현할 수 있어서 좋다.	정서표현
19	인터넷 속에서 내 마음을 더 강하게 표현할 수 있어서 좋다.	
20	인터넷을 통해 화가 난 마음을 표출할 수 있어서 좋다.	
21	익명의 인터넷 공간에서 남들에게 보여 주지 않았던 화를 표현해 볼 수 있어서 좋다.	
22	인터넷에서 입시나 공부 관련 정보를 찾아서 보는 것을 즐긴다.	정보습득
23	인터넷을 활용하여 최신 트렌드를 알아보는 것이 좋다.	
24	인터넷을 활용하여 강의를 듣거나 과제를 해결할 수 있어 좋다.	
25	인터넷을 하면 다른 생각을 안 할 수 있어서 좋다.	스트레스 해소
26	인터넷을 하면 마음이 차분해지는 것 같아서 좋다.	
27	인터넷을 하면서 답답했던 것들을 다 풀 수 있어서 좋다.	
28	인터넷을 하면 마음이 평화로워져서 좋다.	
29	인터넷 게임에서 전략을 짜고 경쟁에서 이기는 것을 즐긴다.	게임조작 성취
30	잘 만들어진 인터넷 게임을 보면 좋다.	
31	인터넷 게임 전략을 구상하고 이를 적용해 보는 것이 재미있다.	
32	인터넷을 활용하여 관심 있는 동영상을 보는 것이 재미있다.	재미
33	웹툰이나 기사, 다른 사람의 생각 등을 보면 흥미진진하고 재미있다.	
34	인터넷 게임, 웹툰 등을 보면 신나고 재미있다.	
35	심심할 때 시간을 때우기 위해서 인터넷을 사용하는 것이 좋다.	

출처: 정여주, 김옥미, 윤서연(2018); 정여주 등(2017b).

제6장

사이버폭력 예방 및 대응

1. 국외 사이버폭력 예방 및 대응 기관

사이버폭력 문제가 전 세계적으로 심각해지면서 사이버폭력을 예방하고 이러한 문제에 대응할 수 있는 기관이 늘어나고 있다. 여기서는 국외의 사이버폭력 관련 기관 중 대표적인 몇 곳의 특징만 살펴보고자 한다.

1) 미국의 Stop Bullying

Stop Bullying은 미국 정부기관에서 설립한 학교폭력 예방 사이트로, 가장 유명하고 많이 활용되고 있다. 사이버폭력에 대한 전반적인 정보부터 시작하여 법적 근거, 사이버폭력 예방 방법 등을 제공하고 있다. 최근에는 Stop Cyberbullying을 함께 제작하여 사이버폭력만의 특징과 예방 방법 등을 제시하고 있다. 관련한 자료는 웹사이트(https://www.stopbullying.gov)를 방문하면 찾을 수 있다.

2) 미국의 Cyberbullying Research Center

사이버폭력 연구의 선두 주자인 Sameer Hinduja와 Justin Patchin이 2005년부터 함께 운영하는 비영리 웹사이트이다. 기존의 사이버폭력 연구들을 정리하고 최근의 연구 관점과 조언

등을 제시하고 있다. 두 교수는 사이버폭력에 관한 서적도 여러 권 쓰고 논문을 계속 함께 진행하면서, 그동안의 사이버폭력 정의, 유형, 원인, 결과 등을 사이트에 올리고, 청소년, 학부모, 교육자, 법조인, 상담가 등 다양한 대상을 위한 조언과 워크숍 정보 등을 제공하고 있다. 웹사이트(https://cyberbullying.org)를 방문하여 상세한 내용을 살펴볼 수 있다.

3) 영국의 UK Safer Internet Centre

Childnet International, Internet Watch Foundation과 SWGfL(South West Grid for Learning)이 함께 운영하는 단체이며, 영국 청소년들의 안전한 인터넷 사용을 담당하고 있다. 주요 기능은 어린이와 청소년, 부모와 보호자, 학교 및 아동 노동력에 조언과 지원을 제공하고, 온라인에서 문제가 있는 어린이 및 청소년을 대상으로 일하는 전문가를 지원하며, 전 세계에서 발견되는 아동 성추행 이미지 및 동영상을 신고하고 삭제하는 것이다. 웹사이트(https://saferinternet.org.uk)에서 관련 자료를 살펴볼 수 있다.

4) 영국의 tootoot

사이버폭력을 포함한 다양한 폭력으로부터 영국 청소년과 어린이를 보호하기 위해 영국 정부가 만든 앱인 'tootoot'은 어린이, 학부모, 보육담당자가 직접 신고할 때 사용할 수 있게 되어 있다. 사이버폭력 메시지, 사진 등을 앱으로 전송할 수 있으며, 이는 학교로 보고되어 문제를 해결할 수 있도록 되어 있다.

5) 호주의 Office of the eSafety Commissioner

호주 정부가 운영하는 인터넷 사용 경험을 안전하게 제공하기 위한 기관으로, 사이버폭력을 포함하여 인터넷상에서 일어나는 다양한 문제를 해결하기 위한 예방 및 대응 교육 콘텐츠 등을 제시하고 있다. 학부모들을 위한 자료를 제공하고 있을 뿐만 아니라, iParent를 개설하여 부모 본인의 사이버폭력에 대한 지식을 점검하고, 자녀의 안전하고 올바른 사이버 활동을 지도하기 위한 자료를 제공해 주고 있다. 교사용 수업, 활동지, 애니메이션, 게임, 퀴즈 등도 제시하고 있으며, 예방교육 자료를 배부하고 있다. 웹사이트(https://www.esafety.gov.au)에서 좀 더 상세한 내용을 확인할 수 있다.

6) 유럽의 TABBY 프로젝트

청소년의 사이버폭력을 포함하여 학교폭력 전반의 문제를 다루기 위해 유럽의 여러 국가가 공동으로 TABBY(Threat Assessment of Bullying Behaviour in Youth) 프로젝트를 진행하고 있다. 이 프로젝트에서는 웹사이트와 전자기기에서 의사소통하는 데 있어서 생길 수 있는 위험을 인식하고 이를 효과적으로 다룰 수 있는 방법을 제공하기도 하며, 사이버폭력에 영향을 미치는 개인적, 관계적, 맥락적 요소들을 확인하도록 돕는다. 이 프로젝트에서는 크게 다음과 같은 내용들을 포함시키고 있다.

- 공감능력, 도덕적 기준, 정서적 · 인지적 기술 향상시키기
- 사이버폭력 예방에 학생들의 적극적 참여 일으키기
- 사이버폭력 예방에 교사와 학교장의 역할 포함시키기
- 부모 또는 양육자가 사이버폭력에 대해 이해하고 예방하며 대응하도록 이끌기
- 사이버폭력 관련 학교 캠페인하기
- 사이버폭력에 관한 인식 높이기
- 사이버폭력 예방 및 대응을 위한 지침 제공하기
- 사이버범죄 행동 구분하여 대응하기

2. 사이버폭력 예방 및 대응 지침

여기에서는 국외 학자들이 제시하고 있는 대표적인 사이버폭력 예방 및 대응 지침들을 살펴보고자 한다. 특히 교사, 부모를 위한 사이버폭력 예방 지침을 중심으로 함께 살펴보고자 한다.

1) 교사를 위한 지침

청소년의 사이버폭력을 위해 교사가 해야 할 역할은 사이버폭력이 무엇인지에 대해 잘 교육하고, 사이버폭력이 일어나지 않도록 예방하며, 이런 일이 일어났을 때는 재빨리 평가하고 그에 맞는 중재를 하거나, 피해자나 가해자에게 상담을 제공하고 알맞은 기관에 연계하는 것이다. 사이버폭력에 있어서 더 구체적으로 살펴보면 다음과 같다.

첫째, 사이버폭력을 정기적으로 평가해야 한다. 사이버폭력은 전통적인 학교폭력에 비해서 눈에 쉽게 드러나지 않는다. 따라서 담임교사는 학급 안에서 사이버폭력을 가해하거나 피해를 입은 학생이 없는지 정기적으로 평가하고 살펴볼 필요가 있다. 이때 사이버폭력 피해 및 가해 검사지를 통해 평가를 진행하고 심각한 학생들을 선별해 낼 필요가 있다. 이 책의 제5장에서는 교사들이 사용할 수 있는 사이버폭력 척도들을 소개하고 있다. 또 검사지로 드러나지 않는 학생들도 있을 수 있으므로 이러한 학생들은 면담을 진행하여 속마음을 들여다볼 필요가 있다.

둘째, 학생들에게 사이버폭력이 무엇인지, 어떤 종류가 있는지, 어떻게 예방할 수 있는지, 만약 일어난다면 어떻게 대응해야 하는지에 대해서 평소에 교육을 진행할 필요가 있다. 많은 가해 청소년이 자신이 하는 행동이 사이버폭력에 들어가는지 모르기도 하며, 피해를 입은 후에도 어떻게 행동해야 할지 모르기도 한다. 따라서 이에 대해 예방적으로 교육을 실시하는 것은 매우 중요할 수 있다. 더불어 사이버 에티켓, 사이버상의 익명성, 무제한적인 전파성이 갖는 문제점, 인터넷 중독 등의 사이버 문제에 대한 교육도 함께 하는 것이 좋다.

셋째, 사이버 문화와 사이버폭력 문제에 대해 명확한 학급 규칙과 정책을 학생들과 함께 마련한다. 정부 차원에서 제공하는 지침과 함께 학급 친구들과 회의를 거쳐서 만든 지침도 도움이 될 수 있다. 학생들이 직접 사이버폭력과 연관된 학급의 규칙을 만들어 나가면 좀 더 적극적으로 이를 지키려는 동기가 생기므로 일방향적인 교육보다 더 효과적이다.

넷째, 학급 내에서 건전한 사이버 문화를 선도할 수 있는 또래상담자 또는 사이버 지킴이 등을 세우고, 사이버폭력을 포함한 다양한 사이버 문제를 다룰 수 있는 리더십을 만든다. 교사가 직접 학생들을 교육하는 것도 좋지만, 학급 내에서 자발적으로 이러한 문제를 해결해 나가는 움직임을 만드는 것이 좋다.

다섯째, 사이버폭력이 일어났을 때, 피해자뿐만 아니라 목격자들도 쉽게 보고할 수 있는 시스템을 만들어 학생들에게 보고하도록 안내한다. 막상 사이버폭력이 일어나면 당황하기도 하고 두렵기도 해서, 이를 보고하지 못하는 경우가 많다. 따라서 이를 보고할 수 있는 자유로운 환경을 마련해 두는 것이 좋다. 성폭력 보고함처럼 익명의 신고함을 마련해 두는 것도 도움이 될 수 있다. 이후 사이버폭력 보고 양식 예시를 제시해 두었으므로, 이를 사용하는 것도 좋다.

사이버폭력 보고 양식

이름: (익명 신고도 가능)

날짜:

학년, 반:

〈사이버폭력 신고 내용〉

① 제가 사이버폭력 피해를 당했어요.

② 제가 사이버폭력 가해를 한 것 같아요.

③ 사이버폭력을 하는 것을 목격했어요.

* 언제, 어떤 일이 일어났는지 구체적으로 적어 주세요.

* 그 후에 어떻게 대응했는지 적어 주세요.

* 본인 연락처를 적어 주세요.

핸드폰: 이메일:

* 이 문제에 대해서 전문상담교사와 상담을 원하나요? (예, 아니요)

　여섯째, 학부모들에게도 마찬가지로 사이버폭력 예방 및 대응에 대한 교육을 실시하고, 학부모들의 이해를 높인다. 또한 학부모의 역할에 대해서도 교육한다.

　일곱째, 사이버폭력 문제가 발생한 경우에는 지체 없이 빨리 개입을 실시해야 한다. 모든 피해자, 가해자, 목격자 학생의 부모에게 이 사실과 상황을 알리고 함께 논의해야 한다. 또한 다양한 대응 방식을 제시하고 함께 논의해서 어떤 방식으로 문제를 해결해 나갈지 잘 조율해야 한다. 만약 법적인 문제가 필요하다면, 경찰 및 변호사와 연계하여 법적 절차에 대한 자문을 얻는다. 그러나 사이버폭력의 경우 우리나라에서는 법령이 미비하여 법적 절차에서 처벌을 내리기는 쉽지 않다. 이러한 점을 감안하면서 학부모와 함께 방법을 찾아 나가야 한다. 무엇보다 피해를 입은 학생이 전문적인 심리상담을 받을 수 있도록 연계하고, 가해 학생도 적절한 상담이나 교육을 받을 수 있도록 연계할 필요가 있다.

2) 부모를 위한 지침

　청소년의 사이버폭력 경험에 있어서 가장 중요한 영향을 미치는 대상은 부모라고 해도 과언이 아니다. 사실, 청소년이 사이버폭력을 당하지 않도록 막을 수 있는 방법은 많지 않고, 이들은 작게나 크게나 늘 사이버폭력의 위험에 노출되어 있다. 그러나 부모가 자녀와 어떤 유대관계를 맺고 있고, 자녀에게 어느 정도 지지가 되어 주는 존재인지에 따라 사이버폭력 피해의 정도는 달라질 수 있다. 따라서 부모는 늘 자녀의 사이버폭력 가해 및 피해에 대해 예방하고 대응할 준비가 되어 있어야 한다.

사이버폭력을 예방하기 위해 부모는 평소에 자녀와 함께 사이버폭력에 대해 이야기하면서 어떤 것이 사이버폭력이고 무엇이 문제인지에 대해 이야기 나눌 필요가 있다. 요즘은 학교에서 1년에 한 번은 사이버폭력에 대한 교육을 받으므로, 학교에서 받은 교육에 대해 함께 이야기 나누어 보는 것도 좋다. 특히 사이버 성폭력이나 언어폭력의 경우, 자녀가 이야기를 꺼내는 것을 꺼려 할 수 있으므로, 미리 이러한 예들을 이야기 나누며 이러한 피해를 입었을 때 바로 알릴 수 있도록 이야기하는 것이 좋다. 또한 내 자녀가 장난으로라도 이러한 가해자가 되지 않도록 잘 교육할 필요가 있다. 아이들은 본인이 한 사이버폭력 가해행동을 가벼운 장난 정도로 여기는 경우가 많은데, 부모는 경각심을 가지고 이런 자녀를 교육할 필요가 있다.

부모는 내 아이가 사이버폭력의 피해자가 되었다는 사실을 빨리 인식하고, 이를 가볍게 여기지 않아야 한다. Kowalski, Limber, Agaston(2012)이 제시한 사이버폭력 피해를 입고 있다는 사인에 저자가 생각한 내용을 몇 가지 더 추가하여 다음과 같이 제시하였다. 부모는 이러한 사인을 재빠르게 파악하고 자녀와 이 문제에 대해서 터놓고 대화할 수 있어야 한다. 이를 위해서는 늘 자녀의 감정이나 관계에 관심을 가지고 들여다보는 것이 필요하다.

〈사이버폭력 피해를 입고 있다는 사인〉

• 인터넷 사용 후에 화가 나 있거나 우울한 표정을 짓는다.

• 문자 메시지를 본 후에 화가 나 있거나 우울한 표정을 짓는다.

• 또래와의 상호작용을 꺼려 한다.

• 스마트폰을 손에서 놓지 못하며, 카카오톡 알림 등이 들리면 깜짝 놀라고 불안해한다.

• 학교 성적이 떨어지고 집중력이 흐려진다.

• 학교폭력의 피해를 입고 있을 가능성이 보인다.

이와 같은 사인을 보이면서 내 자녀가 사이버폭력의 피해를 입고 있는 것을 알게 되었다면 어떻게 행동하는 것이 좋은가? Kowalski 등(2012)은 다음의 단계를 밟도록 제안한다.

• 증거 수집하기: 사이버폭력을 당한 장면, 메시지, 사진 등을 모두 캡처하여 출력하고 증거를 수집해 두도록 자녀에게 안내한다.

• 무시하고, 차단하고, 알리기: 악성 댓글에 가장 좋은 대응 방법은 대응하지 않는 것이다. 사이버폭력에 개인적으로 반응을 하게 되면 문제가 더 심각해질 수 있으므로 대응하지 않고 주변에 알리도록 한다.

• 이메일, 문자, SNS 사이트 추적하기: 익명의 상대에게서 사이버폭력을 당한 경우에도 IP 주소나 SNS의 추적 기능을

활용하여 추적할 수 있다. 가해자가 누군지 알아내는 것은 법적 절차를 밟을 때 도움이 될 수 있다.

• 공격적 자료 삭제를 웹사이트나 SNS 담당자에게 요청하기: 대부분 많이 사용하는 SNS는 신고 기능을 가지고 있으므로 이러한 공격적 자료에 대해 삭제를 요청하고 신고하도록 한다.

• 학교 및 담당 기관에 중재를 요구하기: 사이버폭력 문제가 생겼다면 학교나 담당 기관에 연락을 취해서 관련 자료를 제공하고 문제를 함께 해결해 나갈 필요가 있다.

3. 국내 사이버폭력 예방 및 대응 시스템

우리나라에서는 최근 들어 사이버폭력의 위험을 깊이 인식하면서 교육부 주체로 사이버폭력 예방 및 대응 시스템을 구축해 나가고 있다. 그러나 아직 연구와 시범실시 단계에 있어 각 학교에서 확실히 정착되어 있지는 않은 상황이다. 정여주 등 (2020)은 최근 교육부 산하 한국교육학술정보원과 함께 이러한 사이버폭력 예방 및 대응 시스템을 구축하는 연구를 진행하기도 하였다. 여기에서는 국내의 사이버폭력 예방 및 대응 시스템 구축에 있어 고민해 볼 내용에 대해 제시해 보도록 하겠다.

1) 국내 사이버폭력 예방 및 대응 시스템 모형

현재 국내에서 사이버폭력 예방 및 대응과 관련하여 센터를 가지고 있거나 프로그램을 진행하고 있는 기관은 굉장히 많다. 그러나 부처 간 그리고 기관 간에 유기적 연결이 부족하며, 주축이 되는 기관이 없다는 것이 가장 큰 문제라고 볼 수 있다. 이에 교육부에서는 몇 년 전부터 사이버폭력 예방교육지원센터를 중심으로 사이버폭력 예방 및 대응 시스템을 구축하고자 하였다(정여주 외, 2020).

초·중·고등학교를 담당하고 있는 교육부와 각 시·도 교육청에서 사이버폭력 예방 및 대응 시스템을 구축하기 위해서는 각 기관별로 다음의 내용을 고려할 필요가 있다.

- 교육부 주관하의 디지털 문제 협의체: 교육부 안에서도 담당 부서를 설치하고, 교육부에서는 초·중·고등학생 중심, 여성가족부에서는 학교 밖 청소년 중심, 문화체육관광부와 과학기술정보통신부는 성인 중심, 법무부와 경찰청에서는 법적 처리 대상자 중심, 보건복지부에서는 의료지원 대상자 중심으로 연계하는 시스템을 구축할 필요가 있다.
- 교육부와 한국교육학술정보원의 사이버폭력 예방교육센터, 한국교육개발원, 한국교원대학교 연수원, 교원양성대학교에서 연구를 하고, 사례를 모으며, 종합적인 이해를 통한 검사도구나 프로그램을 개발한다.

- 시 · 도별 교육청, 교육지원청, Wee센터와 Wee클래스에 서 학교폭력뿐만 아니라 사이버폭력에 대한 교사와 학생 들 간의 약속을 구성하고 예방을 할 수 있는 문화를 조성하고, 갈등이 발생했을 때 서로 논의하고 소통하도록 한다. 전문상담교사들이 사이버폭력 관련 개인상담, 집단상담을 제공한다.

- 스마트쉼센터, 시 · 도, 시 · 군 · 구 청소년상담복지센터에 서 사이버폭력과 관련된 위기학생들을 관리하며, 사이버폭력 가해학생 및 피해학생 상담이나 특별교육을 운영한다.

- 한국정보화진흥원에서는 사이버폭력 실태조사를 매년 실시하며, 사이버폭력을 포함한 디지털윤리교육 교안과 프로그램을 개발한다. 특히 사이버폭력 예방 및 대응을 위한 스마트폰 앱을 개발하는 등 ICT 기술을 활용하여 사이버폭력 문제를 해결할 수 있는 방안을 마련할 수 있다. 또 한국정보화진흥원이 전국 시 · 도에 설치하여 운영하고 있는 스마트쉼센터에서는 인터넷 과의존 예방교육뿐만 아니라 사이버폭력 예방교육을 학교에 지원하는 역할을 한다.

- 경찰청 학교폭력 신고센터와 안전 Dream에서는 사이버폭력이 심각한 경우 신고할 수 있도록 하며, 신고가 들어온 경우 경찰서에서 협력하여 사안을 조사하고 처리한다. 학교나 Wee센터 등에서도 상담을 하면서 알게 된 사이버폭력 문제에 법적인 조치가 필요할 경우, 경찰서와 연계할 수 있다.

- 이 외에도 사이버폭력의 피해로 인한 정신적 문제가 심각하거나 PTSD 증상을 보이고, 기존에 갖고 있던 정신병리적 문제와 공존하여 일어날 때에는 보건복지부에서 운영하는 전국의 정신건강증진센터나 병원 정신건강의학과, 법무부에서 운영하는 스마일센터와 연계하여 사이버폭력 문제를 대응해 나갈 수 있다.

2) 사이버폭력 예방 및 대응의 단계

사이버폭력은 한순간에 막을 수 있는 것이 아니다. 사이버폭력을 예방하기 위해서는 단계적으로 대응할 필요가 있는데, 정여주 등(2020)은 이를 예방의 3단계로 나누어서 제시하였다. 여기에서는 이 단계들을 좀 더 요약적으로 살펴보려고 한다.

첫째, 1차 예방이란 사이버폭력 문제가 일어나기 전에 최대한 문제가 일어나지 않도록 사전 예방을 하는 것을 의미한다. 사이버폭력의 1차 예방을 위해서는 우선적으로 사이버폭력 가해자, 피해자, 목격자를 만날 수 있는 학교의 교사, 부모, 또래학생들을 교육하는 것이 중요하다. 학교와 Wee센터(Wee클래스) 등에서는 교사 교육, 학부모 교육, 학생 교육 등의 프로그램과 워크숍을 정기적으로 실시해야 한다. 또 청소년상담복지센터에서는 이러한 교육 프로그램을 운영하는 강사들을 슈퍼비전하고, 각 학교에서 활동하고 있는 또래상담자들에게 사이버폭력에 대한 교육을 실시하여 또래상담자들이 각 학교에서 건전한 사이버 문화 캠페인을 이끌어 나가도록 지지해 줄 필요가 있다. 이러한 1차 예방이 원활하게 진행되도록 하기 위해, 교육부 산하 연구기관들과 여성가족부 산하 한국청소년상담복지개발원, 한국정보화진흥원 등에서는 사이버폭력 교육 매뉴얼, 사이버폭력 진단도구 개발, 사이버폭력 교육 앱 개발 등을 먼저 해 두어야 한다.

둘째, 2차 예방이란 사이버폭력 문제가 일어나면 즉시 진단, 개입하여 문제가 더 심각해지지 않도록 하며, 피해자, 가해자, 목격자 모두에게 상담 및 교육적 개입을 하는 것을 의미한다. 이를 위해서는 모든 초·중·고등학교에서 정기적으로 사이버폭력 현황에 대한 자가진단을 실시하고, 문제가 조금이라도 생기고 있다면 Wee센터에 연계해서 해결할 필요가 있다. Wee센터에서는 사이버폭력 경험으로 인해 힘들어하는 내담자에게 정확한 검사와 진단을 하고, 위험군 특성에 따라 상담 전략을 세워야 한다. 또 청소년상담복지센터와 스마트쉼센터에서도 이러한 사이버폭력 문제로 인한 상담을 진행할 수 있다. 특히 청소년상담복지센터에서는 사이버폭력 피해, 가해, 목격으로 인해 심각한 심리적 어려움을 갖게 된 내담자를 전문적으로 상담해 나갈 수 있다.

그리고 이 단계에서는 심리상담만이 아니라 사이버폭력 사건의 사안처리 또한 필요하다. 사이버폭력 문제가 신고되면, 교장 중심의 적극적인 초기 개입을 해야 하며, 사이버폭력 TF팀을 운영하여 이 문제에 직접적으로 개입해 나가야 한다. 심각한 사안의 경우 법률자문, 경찰서 연계 등을 함께 실시하면서 문제를 해결해 나갈 필요가 있다. 간혹 사이버폭력 사건이 신고되더라도 교사들이 이 일을 별것 아닌 문제로 단정 짓고 문제를 덮어 버리는 일들이 생기는데, 이는 나중에 큰 문제가 될 수 있다. 따라서 교사들은 사이버폭력 문제의 심각성을 인식하고 있으면서, 문제가 생겼을 때 법적 절차를 어떻게 밟아야 하는지 등에 대한 지식을 확인해 두는 것이 좋다.

셋째, 3차 예방이란 사이버폭력 문제가 종결된 후에 재발되지 않도록 돕는 것을 의미한다. 사이버폭력 문제가 일어난 후, 상담 개입이든 법적 개입이든 개입이 진행된 후에 종결되고 나면 교사들과 학생들은 이제 모든 문제가 해결되었다고 생각하기 쉽다. 그러나 사이버 공간에서 늘 생활하고 있는 학생들은 언제든지 다시 사이버폭력의 위험에 처할 수 있으므로 이런 문제가 다시 나타나지 않도록 재발을 방지하는 것이 중요하다. 사이버폭력의 피해자들은 생각보다 그 후유증이 오래갈 수 있으므로 전문적인 심리상담을 받을 필요가 있으며, 학교에서는 재발방지 교육과 학교 문화를 재정비해 나갈 필요가 있다. 또 학생들이 스스로 자정의 목소리를 내면서 학교 문화를 바꾸어 나가는 운동을 펼칠 수 있도록 돕는 것도 좋다.

제7장

사이버폭력 상담

1. 사이버폭력 상담 적용 이론

어떤 문제를 가진 내담자에게 상담을 진행하든지 결국 상담자가 선호하는 상담이론에 맞추어 진행하게 된다. 그리고 그 이론이 정신역동이론이든, 인간중심이론이든, 인지치료이론이든 간에 상관없이 상담자가 얼마나 그 이론에 익숙하며 훈련을 많이 받았고, 전문성을 가지고 있는지가 가장 중요하다.

사이버폭력 가해자와 피해자 상담이라고 해서 이 부분이 다르지는 않을 것이다. 사이버폭력 피해자를 상담할 때, 정신역동적 접근을 취하는 상담자는 아마도 사이버폭력으로 인해 건드려진 내담자의 심리내적 역동과 과거로부터 가지고 온 불안의 원인을 찾으려 할 것이며, 인지행동적 접근을 취하는 상담자는 사이버폭력의 피해로 인해 생긴 내담자의 비합리적 신념을 찾아서 수정하고 이를 행동적 접근으로 변화시켜 나가려고 할 것이다. 인간중심이론을 선호하는 상담자는 내담자가 사이버폭력 피해로 인해 상처받은 마음과 그와 연결해서 낮아진 자존감, 자기의 상실 등을 깊이 있게 공감하려 할 것이며, 게슈탈트 이론을 지향하는 상담자는 내담자가 겪은 경험에 대한 분노와 슬픔을 상담 시간에 충분히 체험하고 표현하며 그 이면의 욕구에 대해서 찾아보고자 할 것이다. 이처럼 사이버폭력 상담을 할 때도 우리가 일반적으로 적용하는 상담이론들은 매우 중요한 역할을 할 수 있다.

　　그러나 이 장의 목적은 일반적인 상담이론을 간단하게 요약하여 소개하는 것이 아니라, 주요 상담이론을 이미 알고 있다는 가정하에 좀 더 사이버폭력 문제에 특화시켜 생각해 볼 이슈가 무엇인지 고민할 수 있도록 하는 것이다. 따라서 이 장에서는 상담이론들을 소개하는 과정은 생략하고, 통합적 상담이론에 맞추어 사이버폭력 상담을 진행하는 과정을 전반적으로 살펴보고, 각 단계에서 좀 더 초점을 맞추어 확인하고 고민해 보아야 하는 내용이 무엇인지 제시해 보고자 한다.

　　이 장에서 적용하는 통합적 상담이론은 김창대(2009, 2017)가 제시한 PBIM(Process Based Intervention Model) 이론을 바탕으로 하고자 한다. 이 이론에서는 상담의 단계를, ① 경험의 진정성 확보, ② 자기의 확인 및 정당성 확보, ③ 반응적 행동패턴 및 사고패턴 이면의 역동 자각, ④ 실존적 선택과 책임의 수용, ⑤ 양질의 지식과 기술 습득의 5단계로 제시하고 있다.

　　이 모형은 인간을 문제 중심으로 보지 않고 변화 중심으로 살펴보면서 상담을 진행할 수 있도록 구성되어 있다. 그리고 인간이 변화를 일으키기 위해서는 자신이 현재 상황에서 어떤 감정을 느끼며 어떤 욕구를 가지고 있는지 확인하고, 이러한 욕구를 이루기 위해서 하고 있는 역기능적 행동패턴이나 인지패턴을 확인하고 이전과는 다른 선택을 해 나가며 새로운 기술을 습득하는 방식으로 진행된다.

　　PBIM 단계를 좀 더 쉽게 설명하면, ① 정서접촉, ② 욕구 확인을 통한 자기 세우기, ③ 반응적 패턴 자각하기, ④ 실존적 선택과 결단하기, ⑤ 지식과 기술 습득하기의 5단계로 구분된다.

첫째, 정서접촉 단계에서 상담자는 공감과 대리적 내성, 심상화 등을 사용하여 자신의 경험을 회피하고 도망가려고 하는 내담자가 자신의 정서를 인식하고 거기에 머물러서 접촉할 수 있도록 돕는다.

둘째, 욕구 확인을 통한 자기 세우기 단계에서 상담자는 내담자가 어떤 욕구를 강하게 가지고 있으며 이를 채우고 싶어 하는지 확인하고, 그 욕구를 통해서 내담자가 자기를 확인하도록 돕는다.

셋째, 반응적 패턴 자각하기 단계에서는 자신의 욕구 때문에 어떤 방식으로 반응적이고 역기능적인 행동패턴 또는 인지패턴, 관계패턴을 가져 왔는지 알도록 돕는다. 또 이러한 패턴들이 사실은 자신이 정말로 소망하는 욕구로부터 멀어지게 만들어 왔다는 점을 인식하도록 돕는다.

넷째, 실존적 선택과 결단하기 단계는 자신이 살아온 패턴에서 벗어나서 자신의 욕구를 충족시키면서도 미래지향적인 변화를 일으킬 수 있는 대안을 선택하고 결단하는 단계이다. 상담자는 내담자가 그동안 미루고 피해 왔던 선택의 순간에 설 수 있도록 돕는다.

다섯째, 지식과 기술 습득하기 단계는 본인이 선택한 길로 나아가기 위한 정보를 파악하고 그에 필요한 기술을 습득해 나가는 단계이다. 이 단계에서 내담자가 변화하기 위해 필요한 기술들을 함께 파악하고 이를 연습해 나간다.

이 장에서는 이러한 각 단계별로 사이버폭력 상담에서 무엇을 더 강조해서 생각해 보고 다가가야 하는지를 이야기해 보도록 하겠다. 또 사이버폭력의 가해자와 피해자를 구분하여 상담할 수도 있겠지만, 요즈음 청소년들은 사이버 세계가 일상적인 삶의 세계가 되고 있으며, 사이버 공간에서는 가해자와 피해자의 구분이 모호하고 가해와 피해가 마구 섞여 일어나는 경우가 많으므로, 우선 전체적으로 사이버폭력 경험이 있을 때 어떻게 상담을 진행할지 살펴보고 가해자와 피해자의 경우를 구분하여 생각해 볼 지점을 찾아보려고 한다.

2. 사이버폭력 내담자와의 정서접촉

1) 정서접촉(경험의 진정성 확인)의 내용

통합적 상담이론인 PBIM 이론에서 상담의 첫 번째 단계로 설명하는 것은 바로 정서접촉이다. 김창대(2009, 2012, 2017)는 이를 경험의 진정성 확보라고 설명하였으며, 이후 활동지를 제작하면서 '정서접촉'이라는 좀 더 쉬운 용어로 설명하기도 하였다.

정서접촉 단계에서는 내담자가 자신이 경험한 사건 또는 이전의 상황에 대해서 가지는 고통스러운 감정이나 정서를 있는 그대로 경험하고 수용하며 인식하고 상담 장면에서 표현할 수 있도록 하는 것이 매우 중요하다.

(1) 정서접촉 단계의 내담자 특성

일반적으로 내담자들은 자신의 고통스러운 경험을 피하고자 노력하며 회피하는 반응적 행동을 하게 된다. 반응적 행동이라는 것은 너무 괴로운 감정을 수용하기 힘들기 때문에 그러한 생생한 고통이나 공포를 무의식적으로 차단하게 되면서 하는 행동을 말한다. 그러나 내담자가 상담에 와서 호소하는 대부분의 문제행동은 자신을 보호하려는 방어적인 반응적 행동에서 나온다. 즉, 너무 괴로워서 자신을 지키기 위해 했던 반응적 행동이 생활하는 데 있어서 진정한 자신을 경험하지 못하게 만들면서 문제행동을 야기하게 된다는 것이다.

정서접촉을 하지 않는 내담자들은 자신의 경험에 대해 진정성 있는 경험을 하지 못하고 회피하기 때문에 공허함, 무력함 등을 느낄 수 있으며, 관계에서도 진정성 있는 소통을 이루지 못하고 단절감을 느낀다. 실존적으로는 우울감이나 외로움을 더 깊이 느낄 수 있다.

(2) 정서접촉 단계에서의 상담 방향

정서접촉이 충분히 진정성 있게 이루어지지 않은 내담자를 상담할 때는 자신이 회피해 온 경험을 선명하게 자각하고 직접적으로 맞닥뜨리는 경험을 하는 방향으로 상담을 진행하게 된다.

① 경험을 선명하게 자각하기

자신의 경험을 정서적인 용어로 설명하면서 그동안 표면적으로 바라봐 온 자신의 문제를 좀 더 진정성을 가지고 바라보게 하는 것이다. 이처럼 자신이 회피해 온 경험을 선명하게 바라보게 되면 자신이 정말로 원하는 것과 원하지 않는 것을 알 수 있다. 자신이 인생에서 중요하게 여기는 가치가 무엇이며 무엇이 좌절되어 이러한 감정을 느끼고 있는지를 확인할 수 있게 되므로, 다음 단계인 욕구 확인을 통한 자기 세우기 단계로 넘어가기 쉬워진다.

② 경험을 직면하기

그동안 바라보면 너무 아프고 고통스러웠던 자신의 경험을 그대로 직면하고, 그 안에 느껴지는 정서를 그대로 직면하여 표현해 보는 것이다. 이 작업을 하게 되면 그동안 회피하면서 쓰던 에너지를 줄일 수 있으며, 이것을 맞닥뜨릴까 봐 두려워하던 불안을 줄일 수 있다. 또한 이러한 직면 후에 괴로운 정서를 수용하고 견디면서 더 이상 그 경험을 피하는 데 에너지를 쓰지 않게 되고, 자신을 보호하기 위한 반응적 행동을 줄일 수 있다.

③ 정서접촉이 이루어지지 않은 내담자

김창대(2012)는 정서접촉이 아직 충분하게 이루어지지 않은 내담자들의 특성을 다음과 같이 설명하고 있다.

- 감정보다는 주로 사실만을 이야기함
- 감정접촉이 어려움
- 감정을 진술하기보다 반응적 행동만 표현함
- 자연스러운 정서에 반응하기보다 해야 하는 것, 사회적으로 수용될 만한 기준에 맞추어 반응함
- 자신의 경험을 '답답' '우울' '불안' '짜증' 등 모호한 용어로만 진술하고 더 선명하게는 말하지 못함
- 실제로는 영향을 받고 있으면서도 '과거 외상경험을 다 해결했어요.'라고 진술함
- 액팅아웃(Acting out: 과하게 자신의 감정을 폭발시키는 행동들)과 감정접촉을 구별하지 못함. 감정접촉 없이 파괴적 행동을 함

④ **정서접촉 단계에서의 상담 작업**

이 단계에서 주로 하는 상담자의 작업은 공감이다. 공감을 하기 위해서는 내담자가 자신의 감정을 인식하는 자리에 앉을 수 있어야 하기 때문에, 상담자는 내담자가 더 이상 그 경험에서 도망가지 못하도록 괴로운 경험으로 인도하게 된다. 이때 상담자는 강압적이어서는 안 된다. 내담자가 그동안 살아남기 위해서 경험을 회피해 왔고, 그렇게 도망쳐 다니던 경험의 자리에 오는 것이 얼마나 두렵고 무서운 일일지에 대해서 충분히 공감해 주면서 경험의 자리로 인도해 주어야 한다. 즉, 내담자가 경험을 체험할 수 있는 마음의 준비가 안 되어 있는데 억지로 그

자리에 앉혀도 안 되고, 무르익어 가고 있는데 상담자가 지레 겁을 먹고 뒷걸음질해서도 안 된다. 내담자가 경험을 직면하고 충분한 정서체험을 할 수 있는 적절한 타이밍에 그 경험을 진정성 있게 마주할 수 있도록 살살 인도해 나간다. 이때 필요하다면 심상화와 같은 심상 작업을 활용할 수도 있고, 직접적으로 경험에 대해서 기술하고 느껴지는 감정을 체험시킬 수도 있다.

2) 사이버폭력 상담 진행에 있어서의 정서접촉 과제

그렇다면 사이버폭력 피해 또는 가해를 경험한 내담자는 이러한 정서접촉 단계에서 어떤 경험을 하게 될까? 사이버폭력 피해자나 가해자는 모두 자신의 사이버폭력 경험에서 느껴지는 정서를 회피하려고 애쓰는 경우가 많으며, 사이버폭력 이전의 경험에의 진정성 확보도 떨어지는 경우가 많다. 이에 대해 좀 더 자세히 살펴보자.

(1) 사이버폭력 피해자들이 정서접촉이 안 되는 경우

앞선 장들에서 살펴보았듯이 사이버폭력의 피해를 경험한 내담자들은 우울과 불안으로부터 시작하여 그 밑에는 슬픔, 분노, 좌절, 괴로움, 허전함, 외로움 등의 다양한 세부적인 정서를 경험할 수 있다. 그러나 막상 상담에 와서 내담자들이 이야기할 때는 이러한 정서를 회피하는 경우도 종종 만날 수 있다. 이들이 정서를 회피하는 경우를 살펴보면 다음과 같은 경우들이 있다.

① 사이버 세계의 일에 의해 슬퍼하고 싶지 않음

사이버 세계에서 일어난 일에 대해서 슬퍼하거나 힘들어하는 것은 어리석다고 생각하면서, 자신에게 일어나는 감정을 받아들이지 않으려고 한다. 실제로 사이버폭력을 당하고 주변 사람들에게 도움을 요청하거나 이야기를 하면 가장 많이 듣는 이야기가 "그건 너랑 상관없는 익명의 사람들에게서 당한 것이니 잊어버려라."라는 말이다. 사이버 세계가 더 이상 익명의 허구 세계가 아니고 현실 세계의 사람들이 모여서 삶의 대부분을 공유하는 공간임에도, 그 공간에서 체험한 것들을 현실로 받아들이는 것은 어리석다고 생각하는 경우가 많다. 내담자들은 종종 자신이 그런 경험 때문에 아파하거나 고통스러워한다고 생각하고 싶어 하지 않으며, 그런 나약한 사람이 되는 것은 한심하다고 생각하면서 그 경험을 회피하려고 한다.

② 이모티콘 이상의 정서를 세세하게 인식하는 것이 귀찮음

사이버 세계가 활성화되면서 다양한 이모티콘으로 정서를 표현할 수 있게 되었다. 물론 이러한 정서표현 이모티콘들은 그동안 표현을 잘하지 않던 감정까지도 쉽고 가볍게 상대방에게 보여 줄 수 있도록 하는 장점이 있다. 그러나 한편으로는 그 이모티콘이 표현하는 감정 이상의 정서를 인식하고 표현하는 것을 귀찮고 스트레스 받는 일로 여겨지도록 만들기도 했다. 사이버폭력 피해를 경험한 내담자들은 자신의 감정을 딱 이모티콘 수준에서 표현하려고 하지, 그보다 더 깊은 내면에 흐르는 감정에

대해서 인식하고 내보이는 것을 불편하게 생각하는 경우가 많
다. 그러나 이러한 귀찮음도 사실은 정서를 깊이 인식하게 되면
자신의 상처가 너무 클까 봐 두려워서 회피하는 방식이라고 볼
수 있다.

③ 원래 정서접촉을 회피하며 살아옴

이 경우는 사이버폭력 피해자에게만 해당하는 내용은 아니고
일반적으로 청소년들이 정서접촉을 하는 것을 어색해하는 경우
를 말한다. 청소년들이 자라 오면서 울거나 힘들어할 때 "울지
말고 힘내라."라는 말을 많이 듣고, 우는 것은 창피한 일이라고
인식하게 되는 경우가 많다. 또한 정서적인 것은 유치하고 어린
것이라고 인식하는 경우도 매우 많다. 이러한 생각을 가지게 되
면 자신의 정서를 접촉하고 인식하여 표현하는 것은 매우 어색
하고 어려운 일이 되기도 한다.

(2) 사이버폭력 가해자들이 정서접촉이 안 되는 경우

사이버폭력의 가해자들은 상대방의 감정을 잘 인식하고 공감
하는 능력이 떨어진다. 보통 이처럼 공감능력이 떨어지는 사람
들은 자신의 정서를 제대로 인식하고 표현하는 데에도 부족함
이 많다. 이러한 사이버폭력 가해자들이 정서접촉을 피하는 경
우를 살펴보면 다음과 같다.

① 가해 경험을 가볍게 여김

사이버폭력 가해자들을 만나서 이야기를 나누어 보면, 대부분이 사이버폭력 가해 경험에 대해서 정서접촉을 하지 않고 있다. 자신이 한 일이 그렇게 중요한 일이라고 생각하지 않으며, 상대방에게 그리 큰 영향을 미치지는 않았을 것이라고 생각하는 경우가 많다. 그런 일 정도로 상대방이 힘들어한다면 그게 오히려 유치하고 우스운 일이라고 여기기까지 한다. 그러나 이는 자신이 상대방에게 큰 피해를 끼쳤을 수 있다고 생각하면 두렵고 죄책감을 느낄 수 있기 때문에 이러한 정서를 회피하려고 더 대수롭지 않은 일로 치부하는 것이라고 생각할 수 있다.

② 분노 표현으로 자신의 정서를 가림

또 다른 경우는 의식적으로 상대방에게 큰 피해를 주기 위해서 사이버폭력을 가한 경우이다. 이때는 앞의 경우처럼 상대방이 아무렇지 않을 것이라고 생각하는 것은 아니다. 오히려 자신이 너무 화가 나고 상대방이 자신에게 해를 끼쳤기 때문에 자신은 그 분노를 표현한 것이고, 상대방은 피해를 입어 마땅하다고 생각한다. 이러한 내담자의 경우 분노를 표현한 것이니 자신의 경험에 진정성이 있다고 오해할 수도 있지만, 실상은 그렇지 않다. 내담자가 정말 자신이 왜 화가 나는지 자신이 화나는 경험에 접촉을 했다면 가해한 상대방에게 그렇게 반응적으로 사이버폭력을 가하는 방식의 행동을 하지는 않았을 것이기 때문이다. 이러한 내담자의 경우 자신의 화 밑에 깔려 있는 다양한 정

서는 회피하고 무조건 반응적 분노로 표출해 버리면서 다른 감
정들을 모두 눌러 버린 것이라고 볼 수 있다.

(3) 사이버폭력 경험 내담자들과 정서접촉하기

앞에서 살펴본 바와 같이 사이버폭력 피해자와 가해자는 모
두 자신의 경험에 대해 진정성 있게 다가가지 못하고 있는 경우
가 많다. 따라서 이 단계의 상담에서는 내담자가 회피하고 있
는 경험에 대해서 정서적인 접촉이 이루어질 수 있도록 심상화
나 정서활성화 작업을 하며 깊이 있는 공감을 해 주는 것이 필
요하다.

얼마 전에 상담한 한 내담자는 아이돌 그룹 활동을 하는 연예
인이었다. 아무래도 연예인이다 보니 사이버상에 공공연하게
노출되어 있었고, 다양한 악성 댓글에 시달리고 있었다. 그러다
가 몇몇 악플러가 그 내담자의 사생활을 캐내면서 자신이 정말
공개하기 원하지 않는 모습까지 대중에게 공개되었고, 심지어
전혀 있지도 않았던 일까지 루머로 돌게 되었다. 내담자는 이
일로 인해서 충분히 괴롭고 힘든 상황이었지만 상담에 와서는
대수롭지 않게 이야기를 했다. 있었던 상황에 대해 사실적 묘사
를 나열하면서 그 정도 일은 연예인으로서 감당해야 하는 일이
기 때문에 자신은 가해를 한 상대에게 그다지 화가 나지도 않고
슬프지도 않다는 식으로 이야기했다.

그러나 이 내담자는 사실은 수면장애와 공황장애까지 겪을
정도로 굉장히 힘들어하고 괴로워하고 있는 상태였다. 따라서

초기 상담에서는 우선 내담자와 함께 이 경험을 진정성 있게 바라보는 것이 힘든 마음에 대해서 나누었다. 악성 댓글로 힘들어하는 마음을 가지는 것은 어리석어 보이고, 또 그렇게 하면 악성 댓글을 남기고 정보공개를 한 가해자에게 지는 것처럼 느껴져서 괴로운 마음을 크게 느끼고 있었으며, 만약 자신이 이 일에 대해 분노를 느끼면 걷잡을 수 없이 화가 나서 폭발할 것 같은 두려움을 느끼고 있다는 점 등을 상담에서 함께 나누면서 내담자는 회피하던 경험의 자리로 조금씩 움직여 갔다.

이후 그 경험 안에 숨어 있던 자신의 진솔한 감정들이 나오기 시작했다. 굉장히 마초적이고 여린 구석이 없어 보였던 내담자는 사실은 얼굴도 알지 못하는 악플러들이 언제 자신을 스토킹해서 더 나쁜 소문을 낼지 모른다는 두려움에 처절하게 떨고 있었고, 자신의 인생을 방해하는 그들에게 엄청난 화를 느끼고 있었다. 또한 이 상황에서 아무것도 할 수 없는 자신에 대한 무력감과 이러한 마음을 아무도 알아주지 않는다는 부분에 대해서 큰 외로움을 느끼고 있었다.

이렇게 자신의 경험에서 정서접촉을 하기 시작한 내담자는 자신이 정말로 원하는 욕구가 무엇이며 그것을 통해 자기의 자리를 어떻게 만들어 가기를 원하는지 찾아가는 상담의 다음 단계로 나아갈 수 있었다.

3. 사이버폭력 내담자의 욕구 확인을 통한 자기 세우기

1) 자기 세우기의 내용

PBIM 이론에서 정서접촉이 이루어진 다음에는 자신의 욕구를 확인하면서 자기를 세우는 단계로 넘어간다. 김창대(2012)는 이를 자기의 확인과 정당성 확보라고 설명하기도 하였다.

자기 세우기 단계에서는 내담자가 자신이 진정으로 원하는 소망이나 욕구가 무엇인지를 들여다보고, 다른 사람들이 나에게 바라는 모습과 내가 바라는 모습을 분리하여 생각해 보면서, 나의 소망에 대한 정당성을 찾고 나를 세워 나가는 단계이다.

(1) 자기 세우기 단계의 내담자 특성

사람의 모든 행동 이면에는 긍정적 동기가 있으며, 이러한 동기는 자신이 세상을 살아 나가는 데 원동력이 되는 욕구이다. 이러한 욕구나 동기는 매우 의미 있는 것이지만, 대부분의 사람이 실제로는 자신의 욕구나 동기를 충족시킬 수 없는 비효율적 방법으로 이를 추구해 나가기도 한다.

이러한 사람들의 욕구는 대부분 내가 누구이며, 내가 이 세상에서 어떻게 자리매김하고 있는지를 느끼고 싶어 하는 욕구와 연결되기도 한다. 그러나 사람들은 자신이 중요하게 생각하는 대상(예를 들어, 엄마)과 분리되어 서로가 원하는 삶이 다르다는 인식을 하는 것이 두렵고 괴롭기 때문에 자신의 욕구를 눌러 버리고 그 사람과 하나가 되려고 하면서 경계를 무너뜨려 버리기도 한다. 이렇게 되면 자기가 정말 원하는 것이 무엇인지 주체적으로 확인하지 못하게 되며, 자신의 욕구를 충족시키지 못하고 사는 삶을 살게 되어 괴로움을 경험한다.

(2) 자기 세우기 단계에서의 상담 방향

자기 세우기 단계에서는 내담자가 자신이 정말로 원하는 욕구와 동기를 확인하고, 이러한 욕구와 동기가 정당하고 타당하다고 인식하게 되도록 이끌어 준다. 김창대(2012)는 이를 위해서 필요한 작업을 내포와 외연의 확인이라고 설명하였다.

① 내포 확인

내포 확인은 말 그대로 자기가 진짜 자기인 것을 확인하고 그 타당성과 정당성을 확보하도록 돕는 것이다. 즉, 자신이 해 온 행동이나 경험한 일들의 이면에 깔려 있는 동기와 소망, 기대, 욕구를 찾아내는 작업을 상담에서 진행한다.

이때 내담자는 이러한 자신의 욕구가 창피하거나 미숙한 것이라고 인식하곤 하는데, 상담자는 내담자가 이러한 욕구를 비효율적으로 추구한 방식이 미숙해 보일 수는 있으나 내면에 있는 욕구와 동기는 긍정적이며 인생에서 매우 소중한 것이라는 점을 인식시켜 준다. 상담자가 내담자의 욕구를 충분히 이해하고 타당화시켜 주면 내담자는 자신을 통합적으로 바라보게 되고, 자신이 해 온 반응적 행동의 이면에 있는 긍정적 동기를 찾아낼 수 있게 된다.

② 외연 확인

상담에서 또 함께 이루어지는 직업은 내담자가 자기가 가지고 있지 않은 가치를 찾아내서 이를 수용하고 경계를 만들도록 이끌어 주는 것이다. 많은 내담자는 자신의 욕구와 소망이 아닌 주변의 중요한 타인이 가지고 있는 욕구와 소망을 자신의 것인 양 그대로 내사하고 있다.

이때 상담자는 중요한 타인의 욕구를 자신의 것으로 만들게 된 이면의 자신의 소망을 찾도록 이끌어 주면서, 실제로 타인의 욕구는 타인의 것으로 남기는 것이 자신이 잘못했다거나 자신이 무가치하다는 것을 의미하지 않는다는 점을 인식시킨다.

이러한 작업을 통해서 내담자는 자기가 정말 바라는 것을 뚜렷하게 인식하게 되며, 타인과의 적절한 경계를 만들어 나갈 수 있게 된다.

③ 자기 세우기가 이루어지지 않은 내담자

김창대(2012)는 자기 세우기가 아직 이루어지지 않은 내담자가 주로 하는 말들에 대해서 다음과 같이 설명하고 있다.

• 저는 제가 뭘 좋아하는지 모르겠어요.

- 저는 저 자신을 좋아할 수 없어요.
- 제 생각을 말하기 어려워요.
- 저를 드러내면 비판받을 것 같아요.

④ **자기 세우기 단계에서의 상담 작업**

이 단계에서는 상담자가 내담자에게 정말 자기가 원하는 것이 무엇인지를 찾을 수 있도록 질문을 던진다. 이때 활용할 수 있는 질문들은 다음과 같은 것들이 있다.

- 무엇을 정말로 하고 싶나요?
- 어떻게 하면 정말 행복할 것 같나요?
- 다른 사람이 아닌 당신이 진정으로 바라는 것은 무엇인가요?
- 정말 나를 최고로 좋은 상태로 만드는 것은 무엇인가요?

또한 상담자는 이 단계에서 내담자의 소망과 욕구에 대해 깊이 있는 공감과 타당화를 진행하게 된다. 내담자는 자신의 욕구를 받아들이는 것이 어렵기 때문에 상담자의 타당화를 통해서 이러한 욕구를 가져도 되는 것임을 깨달을 수 있다.

상담자는 내담자가 그동안 자신의 욕구를 제대로 만족시키지 못했기 때문에 가져온 좌절감과 분노를 충분히 수용해 주면서 그 이면에 있는 욕구와 동기가 긍정적인 것이며, 이 부분이 정말 내담자의 강점이 될 수 있다는 점을 인정해 준다.

또한 내담자가 자신의 외부의 중요한 타인의 욕구를 그대로 수용하면서 느꼈던 좌절과 분노를 표현할 수 있도록 해 주며, 타인과 분리하여 경계를 만들어 가는 작업을 도와준다.

2) 사이버폭력 상담 진행에 있어서의 자기 세우기 과제

앞에서 설명한 자기 세우기 작업의 내용을 바탕으로 사이버 폭력을 경험한 내담자들의 자기 세우기 작업에 대해서 한번 생각해 보자.

(1) 사이버폭력 피해자들의 자기 세우기

사이버폭력 피해를 경험한 내담자들은 보통 일방적으로 폭력을 당하는 경우가 많기 때문에 그 경험 안에서 자신의 어떤 욕구가 좌절되었는지 알아차리기 힘들어하는 경우가 많다. 단지 지나가다가 똥을 밟은 것처럼 운 나쁜 일이 자신에게 일어났고 이런 일은 그냥 넘길 수 있어야 한다고 생각해 버리기 쉽다. 그러나 앞의 정서접촉 단계에서 정서에 대한 경험을 충분히 하고 나면, 내담자들은 자신이 평소에 진정으로 바라기는 하나 충족시키지 못해 온 욕구와 사이버폭력 피해 경험이 연결되어 있다는 사실을 알 수 있다.

이는 사이버폭력 피해를 똑같이 경험하더라도 어떤 사람들은 쉽게 별것 아닌 일로 치부해 버릴 수 있는데, 어떤 사람들은 굉장히 크게 영향을 받고 오랜 시간 힘들어하는 것과 연결 지어 생각해 볼 수 있다. 만약 어떤 사이버폭력을 당한 후 생각보다 크게 충격으로 남고 자신에게 오래도록 영향을 미치고 있다면, 이는 사이버폭력 피해 경험으로 인해 자신이 소중하게 여겨온 욕구와 소망이 좌절되었기 때문이라고 생각할 수 있을 것이다. 자신의 욕구와 소망을 연결 짓게 되면, 이제 더 이상 자신이 힘든 것은 사이버폭력 가해자 때문이 아니며, 이 문제를 해결할 책임이 자신에게로 넘어오게 된다. 물론 이 말이 가해자는 책임이 없다는 이야기가 아니다. 단, 심리상담에서는 가해자를 직접 만날 수도 없고 가해자를 처벌하는 것도 상담의 역할이 아니므로, 피해자인 내담자가 책임을 지고 할 수 있는 시도를 해 보는 것이 변화를 위해 가장 중요하다. 이 이야기가 가혹하게 들릴 수도 있지만, 대부분의 내담자는 자신이 어찌할 수 없는 무력감을 느낄 때 더 힘들어한다. 오히려 자신의 욕구와 연결된 문제를 가져오고 자신이 스스로 해결할 힘을 가지고 있다고 느끼게 되면 새로운 에너지를 얻게 되는 경우가 많다.

이전에 익명의 불특정 다수에게 노출되는 익명 게시판에 자신이 동생과 싸운 일을 적었다가 "너가 멍청한 언니여서 그렇다." "별로 도움도 안 되는 쓸모없는 ×××이다." 등의 비방하는 댓글들이 달려서 힘들어했던 내담자를 만난 적이 있다. 대부분의 댓글은 내담자를 응원하고 공감해 주는 댓글이었지만 몇몇 댓글이 이런 식으로 내담자를 욕하는 것이었고, 내담자는 그 댓글 몇 개로 인해서 생각보다 훨씬 더 우울하고 힘들어했다. 내담자는 자신이 정말 쓸모없는 인간이며, 사람들이 아무도 자신을 필요로 하지 않을 것이라는 생각에 도달하면서 죽고 싶다는 마음까지 가지게 되었다.

상담에서 자기 세우기 단계를 거치면서 내담자는 자신이 오랫동안 가져 온 소망을 마주하게 되었다. 내담자는 가족 구성원들로부터 자신의 존재를 인정받고 사랑받고 싶다는 욕구가 굉장히 강하다는 것을 스스로 알게 되었다. 이러한 욕구가 강해진 이유는 그동안 동생이 더 공부도 잘하고 모범적이어서 엄마·아빠가 항상 동생만 칭찬해 주고 동생에게 늘 언니 같다고 이야기해 준 결과이기도 했으며, 그러한 상황 속에서 내담자는 더 어긋나고 부모님이 싫어하는 행동을 반응적으로 해 왔으며, 동생을 미워하고 괴롭혀 왔다. 그러면서 자신이 정말 원하는 존재로부터 인정받고 수용받으며 사랑받는 경험은 더 하지 못하게 되는 악순환을 경험해 왔다.

이러한 내담자에게 달린 악성 댓글의 내용들은 내담자가 아파해 온 욕구 좌절 경험을 정확하게 직면시킨 것들이었다. 자신의 존재를 인정받고 싶은 내담자에게 쓸모없다는 피드백은 점점 더 내담자 스스로 자신의 존재가 의미 없다는 인식을 강화시켜 주기에 충분했던 것이었다.

내담자는 상담을 통해 자신이 사이버폭력을 당했을 때 단지 그 댓글의 표면적 의미에 영향을 받은 것이 아니라 살아오면서 간절하게 바라 온 소망의 좌절에 영향을 받은 것임을 확인할 수 있었다. 또한 그러한 내담자의 소망은 절대 유치한 것이 아니고 타당한 것이며, 이러한 소망이 좌절되었을 때마다 얼마나 힘들고 무기력했을지에 대해 상담자에게서 공감받으면서 힘을 얻을

수 있었다. 또 인정과 사랑을 받고자 하는 이러한 소망이 얼마
나 오랜 시간 중요하게 자리 잡았으며 이를 얻지 못할 때 얼마
나 좌절하고 괴로웠는지를 함께 나눌 수 있었다. 자신이 동생과
지속적인 갈등을 벌인 이유로 이러한 욕구의 좌절과 직접 연결
된다는 것을 확인하면서 점점 동생이나 가족에 대한 분노도 줄
어들 수 있었다.

(2) 사이버폭력 가해자들의 자기 세우기

사이버폭력 가해자들은 자신이 한 가해행동 자체가 바로 자
신의 충족되지 않은 욕구의 좌절에서 나온 것임을 확인하는 작
업이 필요하다. 대부분의 가해자들은 자신이 한 행동이 별로 문
제가 없거나 정당하다고 생각한다. 그리고 그런 행동이 솔직한
표현이라고 여기기도 한다. 그러나 이러한 사이버폭력 가해자
들과 상담해 보면, 사실은 사이버폭력 행동의 이면에 숨겨진 소
망과 욕구가 있는 경우가 많다. 상담의 이 단계에서는 상담자가
이러한 이면의 소망과 동기를 찾아내어 내담자에게 이를 확인
하도록 해 줄 필요가 있다.

늘 카카오톡에서 단체채팅방을 만들어 친구들을 초대하고 즐
겁게 이야기하다가 자기 마음에 안 드는 친구가 생기면 그 친구
를 카카오톡 단체채팅방에서 소외시키는 방법으로 사이버폭력
을 가하던 내담자가 있었다. 이 내담자가 사용한 폭력의 방법은
직접적으로 마음에 안 드는 친구에게 욕을 하거나 악성 댓글을
다는 것이 아니라, 단체채팅방에서 그 친구가 이야기하면 이야

기를 무시하거나 아예 그 친구에게는 말을 안 걸고, 다른 친구들이랑만 공유할 수 있는 경험을 이야기하는 방식으로 소외를 시키는 것이었다. 다른 친구들은 이 내담자에게 찍히면 골치 아프다고 생각하여 겉으로 맞춰 주고 따라가 주고 있었지만 속으로는 불만이 있는 듯 보였다. 그리고 마찬가지로 내담자만 제외하고 다른 친구들끼리 만든 단체채팅방도 있는 것 같다고 내담자는 이야기했다.

내담자는 상담에 와서도 자기가 소외시킨 친구에 대한 분노를 표현하고 그 친구의 행동에 대해서 욕했지만, 그러한 행동 이면에 있는 자신의 욕구가 무엇인지는 접촉하지 못하는 상태였다. 상담에서 내담자의 마음속에 뿌리내리고 있는 자신의 소망에 대해 작업하면서 내담자가 친구들과 정말 바라는 상태를 확인하기 시작했고, 내담자는 점점 자신이 친구들 사이에서 영향을 미칠 수 있는 힘을 가지고 싶어 하는 욕구가 강하다는 점을 인식하게 되었다. 그러나 평소 친구들과 있을 때 친구들이 자신의 영향을 받는 듯 보이지만 뒤돌아서면 자신을 무시하거나 외면하려는 것처럼 보여서 내담자는 점점 더 화가 나게 된 것도 확인할 수 있었다. 이러한 자신의 소망을 확인하면서 내담자는 점점 다른 친구에게 쏟던 분노를 다시 들여다보게 되었다. 상대방이 큰 잘못을 한 것이 아니라 자신만의 영향력에 대한 욕구가 자신의 감정에 미치는 영향이 더 크다는 점을 알게 되면서, 친구들 사이에서의 갈등이 점점 약해지게 되었다.

4. 사이버폭력 내담자의 반응적 패턴 자각하기

1) 반응적 패턴 자각하기의 내용

반응적 패턴은 내담자가 자신의 욕구나 동기가 좌절되면서 이를 어떻게든 다루기 위해 했던 패턴들을 의미한다. 그러나 이 패턴들은 실제로 내담자로 하여금 욕구나 동기 충족에 다가가게 만들기보다는 오히려 더 멀어져 버리게 만들어 온 패턴들이다. 이러한 패턴의 문제를 자각하고 나면 내담자 스스로 변화의 동기를 가지게 될 수 있다.

(1) 반응적 패턴 자각하기 단계의 내담자 특성

김창대(2012)는 반응적 패턴을 크게 대인관계와 가치 충돌로 인한 행동 및 사고 패턴으로 나누어서 설명했다.

① 대인관계 역동으로 인한 반응적 패턴

사람들은 중요하게 생각하는 타인으로부터 너무 강하게 분리되거나 너무 강하게 융합되는 것을 두려워한다. 이러한 두려움으로 인해 여러 가지 반응적 사고나 행동 패턴이 드러날 수 있다. 예를 들어, 엄마에게 거절당할 것 같은 두려움 때문에 무조건적으로 엄마의 말대로만 행동하는 내담자나 남자친구에게 융합되어 버리면 자신이 사라질 것 같은 두려움 때문에 친밀감을

느껴야 할 순간에도 진솔한 사랑의 감정을 표현하지 못하고 차
갑게 이야기하는 내담자가 여기에 속한다고 볼 수 있다.

② 가치 역동으로 인한 반응적 패턴

자신이 흠이 있거나 무능한 사람이 되고 싶지 않다는 바람을
가지고 있는 경우, 이러한 가치와 반하는 경험을 피하기 위해서
반응적으로 행동하는 것이 포함된다. 이기적인 사람이 되고 싶
지 않다는 가치를 가진 내담자가 이기적으로 보이지 않기 위해
서 가족이 돈이 필요하다고 할 때마다 무조건 보내주는 행동을
하거나, 착한 사람이 되어야 한다는 가치 때문에 정말 원하지
않는 친구의 부탁까지도 들어주는 행동을 하는 것 등이 여기 포
함된다.

③ 기타 패턴

이 외에도 이전에 경험한 트라우마 경험을 다시 겪지 않고 싶
어서 반응적으로 행동하는 경우도 있다. 과거 성희롱을 당한 충
격에서 벗어나지 못한 내담자가 성희롱 경험을 다시 하고 싶지
않다는 생각 때문에 치마를 안 입거나 남자들이 있는 곳에 아예
가지 않는 행동 등은 반응적 행동 패턴이라고 볼 수 있다.

(2) 반응적 패턴 자각하기 단계에서의 상담 방향

① 반응적 패턴 자각하기가 이루어지지 않은 내담자

자신의 욕구나 소망이 좌절되었을 때 어떤 반응적 패턴을 보이는지 잘 지각하지 못한 내담자들은 다음과 같은 특성을 보인다(김창대, 2012).

- 습관적으로 도움이 되지 않는 어떤 행동을 자주 하며 악순환을 반복함
- '~해야만 한다' 사고나 파국화와 같은 비합리적 사고를 자주 함

② 반응적 패턴 자각하기 단계에서의 상담 작업

이 단계에서는 주로 내담자가 자신의 반응적 패턴을 인식하도록 도와주며, 인지치료나 행동주의 상담에서 활용하는 다양한 방식을 도입하여 자신의 비합리적 사고나 자동적 사고를 확인하고 행동의 문제를 파악하는 작업을 하게 된다. 또 자신이 해 온 행동이나 생각이 어떤 방식으로 문제를 더 악화시켰는지를 스스로 자각할 수 있도록 상담에서 이끌어 준다.

2) 사이버폭력 상담 진행에 있어서의 반응적 패턴 자각하기 과제

앞에서 이야기한 반응적 패턴들을 중심으로 하여 사이버폭력 내담자들이 보이는 반응적 패턴은 무엇일지 생각해 보자.

(1) 사이버폭력 피해자들이 보이는 반응적 패턴 자각하기

사이버폭력 피해자들이 보이는 반응적 사고 및 행동 패턴은 매우 다양한 종류일 수 있으나, 여기서는 앞서 제5장에서 살펴보았던 인지 변화와 행동 반응 척도의 하위 요인들을 중심으로 생각해 보고자 한다.

사이버폭력 피해자들이 피해 경험 후에 인지 변화를 일으키는 부분으로는 가해자에 대한 부정적 개념화, 피해문제의 내면화, 세상 사람에 대한 평가, 친구관계에 대한 걱정, 결과에 대한 생각이 있었다. 이는 모두 내담자가 자신의 경험을 확대해석하면서 가해자를 욕하거나, 사이버폭력 피해가 자신이 문제가 있기 때문이라고 자기 탓으로 돌리거나, 이 일로 인해 사람들을 나쁘게 보고 주변 친구관계가 안 좋아질 것이라고 파국적 사고를 해 버리는 것이었다.

이와 같이 사이버폭력 피해자들이 자신과 타인에 대해 부정적인 생각을 하고, 전반적인 세상에 대해 부정적 개념을 갖게 되는 부분을 상담에서 비합리적 신념으로 보고 이를 확인하기 위한 작업을 할 수 있다. 예를 들어, 익명의 사이버 공간 속 게

시판에서 자신을 비난하는 글이 있는 것을 본 내담자가 더 이
상 학교에 가기 힘들어하고, 학교의 모든 친구가 자신을 비난하
고 우습게 보는 것 같다고 보고한다면, 이렇게 생각하는 패턴이
정말로 합리적인 것인지, 그렇지 않다는 증거는 무엇이 있는지,
이렇게 생각하는 방식이 자신을 편안하게 해 주는지 등을 반문
하면서 자신이 보이는 인지적 왜곡 패턴을 통찰할 수 있다. 이
때 〈표 7-1〉에 제시한 질문지를 활용해 볼 수 있다.

〈표 7-1〉 사이버폭력 피해 경험에 대한 반응적 패턴 질문지

질문	작성
1. 사이버폭력을 당한 경험은 어떤 것 이었나요?	
2. 사이버폭력을 당하고 나서 어떤 생 각이 들었나요?	
3. 이러한 생각을 하고 나니 어떤 감 정이 올라왔나요? 0점(아무렇지 않 다)~10점(매우 강하게 느낀다)으로 감정 강도를 점수로 매긴다면?	
4. 이러한 생각이 합리적이지 않다는 증거가 있나요? 무엇인가요?	
5. 처음 들었던 생각을 합리적인 생각으 로 바꿔 보면 어떻게 바꿀 수 있나요?	
6. 합리적인 생각 이후 어떤 감정이 올 라왔나요? 0점(아무렇지 않다)~10점 (매우 강하게 느낀다)으로 감정 강도 를 점수로 매긴다면?	

또 행동 반응을 보면 가해자에 대한 공격적 대응, 주변 사람에게 도움 요청, 관계 강화와 적극적 해결, 회피행동, 가해자에게 해명요구 등이 있는데, 여기서 반응적 행동으로 볼 수 있는 것은 가해자에게 공격적으로 대응하면서 갈등을 더 깊어지게 만들거나 해명 요구를 하면서 문제를 키우거나 억지로 회피행동을 하는 것 등을 생각해 볼 수 있다. 이처럼 가해자에게 해명을 요구하고 더 싸우거나 공격적으로 행동하게 되면 오히려 문제가 더 심각해지고 2차 피해를 입게 되기도 하므로, 내담자와 함께 이러한 행동 반응의 결과가 정말 자신이 원하는 방향인지 잘 이야기해 볼 필요가 있다.

상담자는 내담자로 하여금 자신의 반응적 패턴을 깨닫도록 이끌어 주고, 이러한 패턴의 고리를 끊을 수 있도록 이끌어 주게 된다. 비합리적 신념을 논박하거나 행동 문제에 대해서 강화와 처벌 등을 사용할 수 있다.

(2) 사이버폭력 가해자들이 보이는 반응적 패턴

사이버폭력 가해자들은 사이버폭력을 행하고 나서 사람들이 이에 대해서 비난하거나 처벌을 내리려고 하면, 자신의 행동에 대해 변명을 하거나 합리적인 것처럼 보이는 이유를 제시하곤 한다. 특히 사이버폭력 가해자들은 자신이 한 행동이 정당한 것이라고 비합리적으로 생각해 버리는 경우가 많다. 사이버폭력 분야가 피해-가해자가 많은 분야이다 보니, 사이버폭력 가해자들 중 많은 숫자가 자신도 사이버폭력을 당한 경험이 있다.

자신도 사이버폭력을 당하고 힘들었던 적이 있었고, 이를 해결하기 위해서는 자신도 다른 사람에게 사이버폭력을 가할 수밖에 없다고 이야기한다. 또 자신의 억울함과 분노를 해소하기 위해서는 이렇게 행동해야만 한다고 경직된 사고를 가져 버리곤 한다. 그리고 사이버폭력의 피해를 입고 있는 상대방이 힘들어하면, 별것 아닌 일로 힘들어하는 상대방이 문제라고 생각하기도 한다.

이는 사이버폭력 가해자들이 자신이 원하는 바가 충족되지 않은 상황이 되면 반응적으로 다른 이에게 분노를 표출하는 방식을 택하고 있다는 점을 의미한다. 가해자들은 자신의 분노를 사이버상에서 표출하거나 사이버상에서 다른 사람을 괴롭게 하면서 자신의 억울함이 해소되고, 자신이 받은 상처가 해소될 것이라고 착각하지만, 사실 사이버폭력 가해행동으로 인해서 점점 더 자신은 힘들어질 수 있다. 즉, 편안해지거나 사람들의 사랑을 얻거나 안전감을 느끼거나 하고자 해서 저지른 행동이지만, 자신의 행동으로 인해 오히려 더 불편해지거나 사람들이 자신을 미워하게 되거나 위협감을 느끼게 될 수 있다.

상담자는 이런 사이버폭력 가해자와 상담을 할 때, 사이버폭력 가해행동이 오히려 자신이 원하는 욕구로부터 멀어지게 만들고 있다는 점을 확인하고 통찰하게 할 필요가 있다. 내담자가 행동해 온 방식은 액팅아웃하면서 분노를 바깥으로 쏟아내는 방식일 뿐, 정말로 원하는 것을 얻지는 못하는 부적응적 패턴이라는 점을 바라볼 수 있도록 이끌어 준다.

또한 사이버폭력 가해자는 자신의 가해행동에 대해서 상대방이 따지거나 해명 요구를 하는 등으로 다가오면, 더 반응적으로 화를 내거나 갈등을 증폭시키기도 한다. 이는 자신의 억울함은 알아주지 않으면서 자신이 한 행동에 대해 해명 요구를 하고 싸움을 거는 사람들에 대해 원망을 하게 되는 마음인데, 여기서 화를 내고 갈등을 더욱 증폭시키면 점점 더 사람들은 내담자의 마음을 알아주기보다는 내담자를 비난하고 내담자로부터 돌아서게 된다는 점을 확인할 필요가 있다. 내담자가 원했던 욕구에서 더 멀어지는 방식인 것이다.

〈표 7-2〉 사이버폭력 가해 경험에 대한 반응적 패턴 질문지

질문	작성
1. 내가 했던 사이버폭력 가해행동은 무엇인가요?	
2. 이 행동을 통해서 내가 얻고 싶었던 것은 무엇인가요?	
3. 사람들에게 내가 진짜 바라는 것은 무엇인가요?	
4. 사이버폭력 가해행동은 3번에서 내가 바라는 것을 얼마나 충족시켜 주었나요?	
5. 3번에서 바라는 것을 충족시키기 위해 내가 할 수 있는 다른 방법에는 무엇이 있나요?	
6. 5번에서 이야기한 대안을 하지 못하게 나를 막는 장애물은 무엇인가요?	
7. 6번의 장애물을 해결할 수 있는 방안에는 무엇이 있나요?	

이처럼 상담자는 사이버폭력 가해자가 진짜 자기가 원하는 소망이 있음에도, 사이버폭력 행동을 반응적으로 해 나가면서 원하는 소망에서 점점 멀어져 가고 있다는 부분을 확인하는 것이 이 단계에서 매우 중요한 작업이다. 이때 〈표 7-2〉와 〈표 7-3〉에 제시한 질문지를 활용하여 내담자가 자신의 행동에 대해 다시 생각해 보도록 도울 수도 있다.

〈표 7-3〉 사이버폭력 가해행동의 이득과 손실 질문지

- 내가 했던 사이버폭력 행동은 무엇인가요?

이 행동으로 인한 이득을 나열해 봅시다.	이 행동으로 인한 손실을 나열해 봅시다.
•	•
•	•
•	•
•	•
•	•

5. 사이버폭력 내담자의 실존적 선택과 결단하기

1) 실존적 선택과 결단하기의 내용

실존적 선택과 결단하기는 내담자가 더 이상 반응적 패턴을 반복하지 않기로 결심하고, 삶의 의미를 추구하면서 자신이 정말 원하는 방향으로 나아가도록 이끌어 주는 단계이다.

(1) 실존적 선택과 결단하기 단계의 내담자 특성

만약 사람들이 자신이 살아가는 매 순간에 실존적으로 충실할 수 있다면 더 이상 문제행동을 하지 않을 것이다. 시간은 유한하고 인생은 한 번밖에 살지 않는 것인데, 더 이상 자신의 욕구를 저버리는 행동을 계속해 나가기는 쉽지 않기 때문이다. 그러나 대부분의 내담자들은 이러한 실존적 선택의 기로에 서는 순간을 회피하고 미루면서 선택을 하지 않으려고 한다. 그 과정에서 문제행동이 지속적으로 나타나게 된다고 볼 수 있다.

김창대(2012)에 따르면, 이 단계에 머물러 있는 내담자들은 다음과 같은 특성을 보일 수 있다.

- 주저, 비난, 후회 등으로 시간을 낭비함
- 선택의 결과 경험하게 될 두려움 때문에 선택과 결정을 하지 못함

- 현재나 미래보다는 과거의 경험에 대한 후회, 회한에 얽매여 있음
- 자신을 비난하느라 해결책, 개선책에 집중하지 못함
- 선택의 기로를 모름
- 어느 하나도 잃기 싫어함. 모두 가지고 싶어 하고, 그러지 못할 때 심하게 좌절함

(2) 실존적 선택과 결단하기 단계에서의 상담 방향

결국 이 단계에서 상담자는 내담자를 실존적 선택의 기로에 세우게 된다. 내담자들은 시간이 많고 과거를 되돌릴 수 있으며 삶은 외롭지 않을지도 모른다는 막연한 희망을 가지고 실존적 선택을 하지 않으려고 하기 때문에, 상담자는 내담자에게 우리 인간이 가진 삶의 조건을 수용하도록 이끌어 주고 그 제한된 삶 속에서 의미를 추구할 수 있도록 도와주게 된다.

2) 사이버폭력 내담자의 실존적 선택과 결단하기 과제

사이버폭력을 경험한 내담자들도 마찬가지이다. 자신이 사이버폭력의 피해이든 가해이든 간에 그 안에서 경험한 충격에 머물러 더 왜곡된 사고를 확장시키고 반응적 행동들을 해 나가고만 있다면, 더 이상 자신의 진짜 욕구와 소망을 충족시키는 것은 멀어질 수밖에 없다는 점을 깨닫는 시간을 이 단계에서 상담자와 함께 가질 수 있다.

이 과정에서 내담자는 이러한 과거 경험을 흘려보내야 한다는 사실에 가슴이 아프기도 하며, 자신이 진짜 바라는 것이 사실은 인간의 삶 속에서 한계가 있다는 사실을 수용하면서 슬퍼하기도 할 것이다. 상담자는 이러한 내담자를 섣불리 위로하면서 인간의 실존적 고통을 덮으려 하지 말고, 내담자와 함께 그러한 인간의 고통을 공감해 주면서 그 안에서 내담자가 삶의 의미를 찾을 수 있도록 이끌어 주게 된다.

예를 들어, 유튜브 동영상 중 몇몇 유명 아이돌 그룹의 뮤직비디오 동영상들을 찾아다니며 그 아이돌 그룹의 악성루머를 댓글로 달면서 사이버폭력을 했던 한 중학교 2학년 여학생이 있었다. 결국 계속해서 댓글이 신고를 당하고, 사이버폭력으로 신고까지 되면서 상담실에 의뢰되었다. 이 내담자와 상담을 진행하면서, 사실은 악성루머를 댓글로 달아서 사람들의 좋아요 또는 싫어요 표시를 몇만 건씩 받으며 엄청나게 인정받고 관심을 받는 것 같다는 느낌을 느꼈고, 이런 관심을 자신에 대한 사랑으로 착각해 왔다는 점을 알게 되었다. 이 내담자는 학교에서는 교사와 학생 아무도 쳐다보지 않는 왕따였고, 집에서도 이혼한 엄마와 함께 살고 있으나 엄마는 늘 생계를 위한 일로 인해 바빠서 자신에게 신경을 써 주지 않았다고 이야기하면서, 사이버상에서 사람들이 자신의 댓글에 좋아요 또는 싫어요를 표시해 주고 자신의 댓글에 대댓글로 싸움이 벌어지는 것을 보면서 엄청난 관심을 받는다는 생각에 마음이 꽉 찬 것 같은 기분이 들었다고 했다. 그러나 상담을 받으면서 이러한 관심이 진짜 자신이 원했던 친한 관계로부터 오는 지지나 사랑이 아니라는 점을 깨닫기 시작했다. 자신이 사랑이라고 굳게 생각하며 푹 빠져 있던 불특정 다수의 관심이 사실은 사랑도 관심도 아니며 지나가는 바람 같은 것이라는 점을 깨닫게 되는 과정은 내담자에게 너무 아픈 경험이었다. 자신은 홀로 서 있는 외로운 인간이며, 사이버 공간에서도 이러한 외로움을 채워 줄 수 있는 사람을 찾을 수 없다는 생각에 내담자는 한없이 슬퍼졌다. 그러나 상담자의 수용과 지지를 받으며 내담자는 이러한 외로운 세상에 홀로 서기를 연습하기로 결단하고 선택해 나갈 수 있었다. 내담자가 악성루머를 퍼트리고 악성 댓글을 다는 것이 자신이 원하는 사랑을 얻는 방법이 아니고 원하는 사랑은 그렇게 사이버 공간에서 채워질 수 없다는 것을 깨닫고, 홀로서기 연습을 시작하기로 결심하자, 아이돌 뮤직비디오 동영상에 악성루머 댓글을 다는 것은 더 이상 아무 의미 없는 일이 되었다. 그 후로 내담자는 그 행동을 전혀 하지 않았으며, 그 시간에 자신이 현실 속에서 친구들을 사귈 수 있는 방법을 연습하기 시작했다.

　이 예에서 볼 수 있듯이, 내담자가 자신이 겪는 문제에 대해 실존적인 선택을 하고 결단하게 되면 이제 더 이상 그 문제행동은 일어나지 않게 된다. 내담자 스스로가 그 행동 대신에 자신의 소망에 가까워질 수 있도록 해 나갈 다른 행동을 찾게 되는 것이다.

6. 사이버폭력 내담자의 지식과 기술 습득하기

1) 지식과 기술 습득하기의 내용

이 단계는 상담의 마지막 단계로, 내담자에 따라서는 이 단계를 가볍게 지나갈 수도 있고, 굉장히 중요한 단계로 여러 회기를 할애해야 할 수도 있다. 내담자가 이미 관련된 지식과 기술을 가지고 있는 상태라면 앞의 선택 단계가 지나면서 자신이 가지고 있는 기술로 잘 적응해 나갈 수 있을 것이다. 그러나 내담자가 기본적으로 자신이 선택한 방향으로 나아가는 데 사용할 수 있는 기술이 없는 단계라면, 상담의 마지막 단계에서 이러한 연습과 모델링, 실전 연습과 피드백 등을 진행하게 된다.

(1) 지식과 기술 습득하기 단계의 내담자 특성

아무리 좋은 선택을 내담자가 할지라도 그 선택을 이루는 데 필요한 기술이 없다면 이를 적용하고 연습할 필요가 있다. 따라서 내담자가 현재보다 조금 더 나은 삶의 수준에 도달하는 데 도움이 되는 지식과 기술을 교육하고, 이를 실전에서 활용할 수 있도록 연습시킨다.

(2) 지식과 기술 습득하기 단계에서의 상담 방향

이 단계에서 연습하는 지식과 기술로는 의사소통과 관련된 경청, 공감, 대화 기술, 진로와 관련된 진로 적성 및 흥미 찾기, 정보검색 기술, 학습과 관련된 학습전략 및 시간관리 기술, 그 외에도 이완 훈련, 사회성 훈련, 분노조절 훈련, 리더십 훈련 등이 있을 수 있다.

2) 사이버폭력 내담자의 지식과 기술 습득하기 과제

사이버폭력 피해 및 가해를 경험한 내담자들도 마찬가지이다. 이 내담자들이 이제 정말 자기가 원하는 욕구를 추구하는 방식으로 살아가기로 결심했다면, 그 욕구를 추구하는 실질적인 방법이 무엇인지, 내담자에게 적합한 방법이 무엇인지를 상담자가 함께 찾아 주고 이를 연습해 나간다.

예를 들어, 사이버상에서 악성 댓글이 달릴 때마다 매번 반응적으로 대댓글을 달면서 며칠을 내내 싸워 온 내담자가 이제 더 이상 그런 행동이 의미가 없고 자신이 진짜 원하는 것은 가족이나 가까운 친구로부터 인정받는 것임을 깨닫고 그렇게 살기로 선택했다면, 이 내담자는 악성 댓글을 보았을 때 올라오는 분노를 조절하는 방법, 의미 있는 타인에게 자신의 욕구를 표현하는 방법, 솔직한 정서를 인식하고 조절하여 표현하는 방법 등을 연습하고 실전에 적용해 볼 수 있을 것이다.

참고문헌 ▼

가상준, 김강민, 임재형(2013). SNS 사용문화가 청소년의 학교폭력 및 사이버폭력에 미치는 영향. 분쟁해결연구, 11(1), 159-208.

곽영길(2009). 사이버상 권리침해 실태 및 대응방안. 한국자치행정학보, 23(1), 477-498.

김경은(2013). 가정폭력경험과 청소년의 사이버폭력 가해행동 관계에서 학교폭력의 매개효과. 한국가족복지학, 18(1), 5-30.

김경은, 윤혜미(2012a). 청소년의 사이버폭력에 관련된 생태체계변인의 영향. 청소년복지연구, 14(1), 213-238.

김경은, 윤혜미(2012b). 청소년의 폭력피해경험, 폭력용인태도와 사이버폭력 가해행동의 관련성. 한국아동복지학, 39, 213-244.

김계원, 서진완(2009). 사이버 폭력에 관한 연구: 사이버 모욕죄에 관한 논의를 중심으로. 서울행정학회 동계학술대회 발표 논문집, 297-318.

김동일, 이윤희, 강민철, 정여주(2013). 정신건강 문제와 인터넷 중독: 다층메타분석을 통한 효과크기 검증. 상담학연구, 14(1), 285-303.

김동일, 이윤희, 이주영, 김명찬, 금창민, 남지은, 강은비, 정여주

(2012). 미디어 이용 대체·보완과 중독: 청소년과 성인의 인터넷 및 스마트폰 사용 형태를 중심으로. 청소년상담연구, 20(1), 71-88.

김동일, 정여주, 김병관, 전호정, 이윤희(2015). 유아동 스마트폰 중독 관찰자 척도 개발 및 타당화. 상담학연구, 16(6), 369-383.

김동일, 정여주, 이윤희(2013). 스마트 미디어 중독 개념 및 특성 분석 델파이 연구. 아시아교육연구, 14(4), 49-71.

김동일, 정여주, 이윤희(2014). 청소년 스마트폰 건전 사용 척도 개발과 타당화. 청소년상담연구, 22(1), 393-421.

김동일, 정여주, 이윤희, 강민철, 전호정(2015). 청소년 스마트폰 중독이 정신건강에 미치는 영향: 혼합회귀분석을 통해. 상담학연구, 16(4), 283-300.

김동일, 정여주, 이주영, 김명찬, 이윤희, 강은비, 금창민, 남지은(2012). 성인 간략형 스마트폰 중독 자가진단 척도 개발. 상담학연구, 13(2), 629-644.

김미화(2014). 중학생의 사이버 언어폭력 예방을 위한 집단상담 프로그램 개발. 한국교원대학교 교육대학원 석사학위논문.

김소아, 전인식, 이선호, 손요한, 정여주, 신태섭, 구찬동(2021). 사이버폭력 유형별 가이드라인 개발 연구. 교육개발원.

김은경(2012). 청소년의 사이버 불링에 영향을 미치는 관련 변인 연구. 명지대학교 대학원 박사학위논문.

김은하(2012). 상담학 연구에서 실험 패러다임의 적용. 상담학연구, 13(5), 2119-2133.

김재휘, 김지호(2002). 인터넷 일탈행동 및 동기에 관한 연구. 한국심리학회지: 소비자·광고, 3(2), 91-110.

김종길(2013). 청소년의 폭력피해경험과 학업스트레스가 사이버 불링에 미치는 영향. 한국범죄심리연구, 9(1), 47-68.

김창대(2009). 인간변화를 촉진하는 다섯 가지 조건에 관한 가설: 상담이론의 관점에서. 인간이해, 30(2), 21-43.

김창대(2012). 과정기반개입모형(PBIM)과 사례개념화. 이음세움심리상담센터.

김창대(2017). 과정기반개입모형: 정서접촉을 중심으로. 한국상담학회 통합학술대회 기조강연자료.

김현동, 송병호(2013). 사이버불링이 학교폭력 가해행동에 미치는 영향에 관한 연구. 한국범죄심리연구, 9(3), 87-111.

김혜영, 민정식(2014). 청소년들의 사이버불링에 미치는 영향에 대한 연구. 한국엔터테인먼트산업학회논문지, 8(4), 323-333.

남상인, 권남희(2013). 청소년 사이버 불링 가해에 영향을 미치는 변인 연구. 미래청소년학회지, 10(3), 22-43.

남수정(2011). 긴장과 낮은 자기통제력이 사이버일탈에 미치는 영향: 인터넷 중독의 매개효과와 익명성의 조절효과 검증. 대한가정학회지, 49(2), 63-74.

남재성, 장정현(2011). 청소년의 사이버폭력 피해에 관한 연구: 청소년 비행요인과 지역사회요인을 중심으로. 한국범죄심리연구, 7(3), 101-119.

두경희(2013). 가해자와의 관계가 사이버폭력 피해자의 정서와 인지에 미치는 영향. 서울대학교 대학원 박사학위논문.

두경희, 김계현, 정여주(2012). 사이버 폭력 연구의 동향과 과제: 사이버 폭력의 정의 및 유형을 중심으로. 상담학연구, 13(4), 1581-1607.

두경희, 정여주(2016). 사이버 폭력의 피해경험에서 부정적 경험을 유발시키거나 경감시키는 요소에 대한 탐색적 연구. 열린교육연구, 24(1), 199-225.

류성진(2013). 청소년들의 사이버 폭력과 오프라인 폭력 경험에 관한 연구. 한국언론학회, 57(5), 297-459.

모정은(2014). 초등학생 사이버 괴롭힘 가해 위험요인 검사문항 개발 및 타당화. 이화여자대학교 대학원 박사학위논문.

박무원(2011). 사이버폭력에 대한 형법적 대응. 안암법학, 35(0), 143-182.

박성훈, 심현정(2015). SNS에서 청소년 사이버불링의 특징 및 위험요인에 관한 연구. 한국공안행정학회보, 58, 156-185.

박종렬(2012). 사이버 폭력의 피해자 지원을 위한 개선방안. 한국컴퓨터 정보학회논문지, 17(1), 1-7.

박종현(2008). 사이버폭력의 실태와 대처방안. KLID 지역정보화, 49, 50-57.

서경원(2007). 사이버폭력의 실태 및 대응방안. 법학연구, 9(2), 201-228.

서화원, 조윤오(2013). 사이버불링 피해가 청소년의 자살생각에 미치는 영향. 미래청소년학회지, 10(4), 111-131.

성동규, 김도희, 이윤석, 임성원(2006). 청소년의 사이버폭력 유발요인에 관한 연구: 개인성향·사이버폭력 피해경험·윤리 의식을 중심으로. 사이버커뮤니케이션학보, 19, 79-129.

송종규(2005). 고등학교 학생들의 인터넷 이용과 사이버폭력에 관한 연구: 부천시 인문계 고등학교를 중심으로. 안양대학교 경영행정대학원 석사학위논문.

신나민, 안화실(2013). 청소년 사이버 폭력 현황 및 피해-가해 관련 변인에 관한 연구. 교육문제연구, 26(4), 1-21.

신민정, 강명주(2013). 초등학생의 사이버 언어폭력에 대한 혼합연구. 어린이재단 연구논문 모음집, 69-112.

신성만, 류수정, 김병진, 이도형, 정여주(2015). 인터넷 중독 청소년을 위한 동기강화상담 집단프로그램 개발 및 효과. 상담학연구, 16(4), 89-109.

오은정(2010). 청소년과 민족정신: 중학생의 사이버불링 실태 조사. 한국의 청소년 문화, 15, 219-238.

오태곤(2013). 중학생의 사이버불링 피해 경험과 정서행동과의 관계.

한국컴퓨터정보학회논문지, 18(12), 207-215.

유미화(2013). 카카오톡의 역기능적 사용 척도개발. 중앙대학교 교육
대학원 석사학위논문.

유상미, 김미량(2011). 사이버 폭력의 원인에 대한 구조모델의 제시와
검증. **컴퓨터교육학회 논문지,** 14(1), 23-33.

유형근, 이영주, 권동택(2015). 스마트기기 사용 관련 역기능 문제분석
및 개선 방안 탐색. **학습자중심교과교육연구,** 15(1), 287-307.

유환희(2015). 사이버불링 공격적 피해자의 심리적 특성: 공감과 공격
성 중심. 한남대학교 교육대학원 석사학위논문.

윤경운(2006). 청소년의 사이버 폭력 실태에 관한 연구. 아주대학교 교
육대학원 석사학위논문.

윤미선, 김명주, 박정호(2015). 사이버불링 경향성 진단도구(CBTT) 개
발. **한국컴퓨터교육학회,** 18(2), 59-70.

이고은(2014). 청소년의 사이버폭력 행위에 영향을 미치는 요인에 관
한 연구. 고려대학교 대학원 석사학위논문.

이고은, 정세훈(2014). 청소년의 사이버 폭력 행위에 영향을 미치는 요
인에 관한 연구: 계획된 행동이론과 사회학습이론을 적용하여. **사
이버커뮤니케이션학보,** 31(2), 129-162.

이성대, 황순금, 염동문(2013). 사이버불링의 인식 및 실태에 대한 탐색
적 연구−의령군 중학생을 중심으로. **청소년문화포럼,** 33, 120-145.

이성식(2006). 사이버 언어폭력의 원인과 방지대책. **형사정책,** 16(2),
421-440.

이성식(2008). 인터넷게시판 악성댓글 피해요인에 대한 연구. **피해자학
연구,** 16(1), 67-85.

이성식, 박정선(2009). 청소년 인터넷 악성댓글에 있어 중화의 작용:
세 이론의 검증. **형사정책,** 21(2), 245-266.

이성식, 황지영(2008). 인터넷사이트 집합적 효율성과 사이버언어폭

력. 형사정책연구, 73, 167-189.

이수경(2011). 청소년 사이버언어폭력의 위험요인 탐색. 학교폭력연구, 1(2), 147-164.

이수경, 오인수(2012). 사이버 괴롭힘과 오프라인 괴롭힘에 영향을 미치는 요인 비교 분석. 아시아교육연구, 13(2), 137-161.

이아름, 이윤주, 양현일(2014). 고학년 초등학생의 공격성과 언어폭력성이 사이버불링 피해 및 가해경험에 미치는 영향. 상담학연구, 15(6), 2437-2450.

이인태(2012). 초등학생의 사이버 불링 실태와 원인에 대한 조사연구: 경기도 초등학교 고학년 학생을 중심으로. 청소년문화포럼, 32, 91-118.

이정기(2011). 청소년의 성향적 휴대폰 이용동기와 중독, 언어폭력에 관한 탐색적 연구: 서울, 경기 지역 중 · 고등학생을 중심으로. 언론과학연구, 11(2), 365-401.

이정기, 우형진(2010). 사이버 언어폭력 의도에 관한 연구: 사이버 명예훼손/ 모욕 행위 인식, 연령, 계획행동이론 변인을 중심으로. 사이버 커뮤니케이션 학보, 27(1), 215-253.

이창호, 신나민(2014). 청소년 사이버불링 실태 및 대응방안 연구. 한국청소년정책연구원, 1-268.

장근영(2006). 청소년 사이버 폭력의 현황과 대응방안 연구. 청소년행동연구, 1(11), 1-13.

장정현(2009). 청소년의 비행 요인이 사이버폭력에 미치는 영향 관한 연구. 경기대학교 대학원 석사학위논문.

전신현, 이성식(2010). 청소년의 휴대전화를 이용한 사이버 집단괴롭힘 현상의 원인 모색. 청소년학연구, 17(11), 159-181.

정소미(2011). 청소년의 사이버폭력에 영향을 미치는 요인에 관한 연구: 사이버 윤리의식의 조절효과를 중심으로. 경상대학교 대학원 석사학위논문.

정여주(2010). Effects of Positive Affect Induction on Reducing Negative Affects among Cyberbullying Victims(긍정적 정서주입 실험이 사이버폭력 피해자들에게 나타나는 부정적 정서 감소에 주는 영향). 서울대학교 대학원 박사학위논문.

정여주(2014). 청소년 사이버폭력 피해 경험이 정서, 타인 표정 인식 및 태도에 미치는 영향: 모의실험을 통한 연구. 상담학연구, 15(4), 1343-1360.

정여주(2016). 청소년 사이버폭력 척도 개발 및 타당화. 대전: 한국연구재단.

정여주, 김동일(2012). 청소년의 사이버폭력 피해 경험과 정서조절. 상담학연구, 13(2), 645-663.

정여주, 김민지, 김빛나, 전은희, 고경희(2016). 사이버폭력 연구 동향과 과제: 사이버폭력 척도를 중심으로. 상담학연구, 17(1), 1-23.

정여주, 김빛나, 김민지, 고경희, 전은희(2015). 청소년 사이버폭력 피해 경험에 대한 질적 연구. 교육과학연구, 20, 51-68.

정여주, 김옥미, 윤서연(2018). 청소년 ICT 진로적성 상담프로그램 개발 및 활용방안 매뉴얼. 대구: 한국정보화진흥원.

정여주, 김한별(2016). 청소년 사이버폭력 정서반응척도 개발. 교육과학연구, 21, 65-79.

정여주, 김한별(2017). 청소년 사이버폭력 피해 행동반응 척도 개발 및 타당화. 아시아교육연구, 18(1), 51-74.

정여주, 김한별, 김희주(2017). 청소년 사이버폭력 피해로 인한 인지변화 척도 개발. 학습자중심교과교육연구, 17(18), 29-47.

정여주, 김한별, 전아영(2016). 청소년 사이버폭력 피해 척도개발 및 타당화. 열린교육연구, 24(3), 95-116.

정여주, 두경희(2014). 청소년 사이버폭력의 원인, 결과, 개입에 대한 연구 동향-예방상담학적 관점에서. 청소년학연구, 21(8), 373-450.

정여주, 두경희(2015). 사이버폭력 가해자의 공감능력이 인터넷 댓글쓰기로 나타난 공격성 수준에 미치는 영향. 상담학연구, 16(1), 31-50.

정여주, 신윤정(2020). 청소년 사이버폭력 가해척도 개발 및 타당화. 학습자중심교과교육연구, 20(23), 1453-1473.

정여주, 신윤정, 윤서연, 고경희, 김옥미, 이도연, 이은숙, 김주한(2020). 초 · 중등학교 사이버폭력 예방 및 대응을 위한 중장기 지원 방안 연구. 대구: 한국교육학술정보원.

정여주, 신윤정, 이도연(2022). 청소년 사이버폭력 목격 척도 개발 및 타당화. 문화와융합, 44(1), 1-26.

정여주, 윤서연, 오정화(2018). 대학생의 인터넷 사용 욕구에 관한 현상학적 연구. 열린교육연구, 26(2), 149-174.

정여주, 이아라, 고영삼, 김한별, 전아영(2017a). 청소년들이 인터넷을 사용하면서 추구하는 심리내적 욕구에 관한 현상학적 연구. 열린교육연구, 25(3), 67-94.

정여주, 이아라, 고영삼, 김한별, 전아영(2017b). 청소년 인터넷 사용 욕구 검사 개발. 학습자중심교과교육연구, 17(21), 531-562.

정완(2005). 사이버폭력의 피해실태와 대응방안. 피해자학연구, 13(2), 329-359.

정철호(2009). 일반논문: 인터넷상의 명예훼손에 관한 소고. 스포츠와 법, 12(4), 367-394.

정한호(2012). 학교현장에서 발생하는 사이버폭력 실태와 대처방안에 대한 고찰. 소년보호연구, 20, 205-239.

조아라, 이정윤(2010). 사이버공간에서의 악성댓글 사용에 대한 탐색적 연구. 청소년상담연구, 18(2), 117-131.

천정웅(2000). 청소년 사이버일탈의 특성과 유형에 관한 연구. 청소년학연구, 7(2), 97-116.

최진오(2013). 일반 초등학생과 ADHD성향 초등학생의 사이버폭력 가해 및 피해수준 비교조사. 특수아동교육연구, 15(3), 121-140.

한국정보화진흥원(2016). 청소년 ICT 진로 적성검사 및 역량강화 프로그램 개발.

한국정보화진흥원(2017). 청소년 ICT 진로적성 상담프로그램 개발 및 활용 방안.

한종욱(2001). 청소년 사이버비행자의 사회유대요인에 관한 연구. 한국경찰학회보, 3, 357-384.

홍경선(2014). 사이버불링에 대한 탐색적 연구-학부모의 사이버불링 인지를 중심으로. 한국가족치료학회지, 22(4), 347-372.

Afrab, P. (2006). Parry Afrab's guide for school on cyberbullying. Retrieved from http://www.stopcyberbullying.org

Afrab, P. (2010). *Cyberbullying*, Cybersafety and the Role of Industry in Addressing the Issues. retrieved from https://edlabor.house.gov/imo/media/doc/documents/111/pdf/testimony/20100624ParryAftabTestimony.pdf.

Akers, R. L. (1998). *Social learning and social structure: A general theory of crime and deviance*. Boston, MA: Northeastern University Press.

Almeida, A., Correia, I., Marinho, S., & Garcia, D. (2012). Virtual but not less real: A study of cyberbullying and its relations to moral disengagement and empathy. In Q. Li, D. Cross, & P. K. Smith (Eds.), *Cyberbullying in the global playground: Research from international perspectives* (pp. 223-244). Malden, MA: Wiley-Blackwell.

Ang, R. P., & Goh, D. H. (2010). Cyberbullying among adolescents: The role of affective and cognitive empathy and gender. *Child*

Psychiatry and Human Development, 41, 387-397.

Aricak, T. O. (2009). Psychiatric symptomatology as a predictor of cyberbullying among university students. *Eurasian Journal of Educational Research, 34,* 167-184.

Aricak, T. O., Siyahhan, S., Uzunhasanoglu, A., Saribeyoglu, S., Ciplak, S., & Yilmaz, N. (2008). Cyberbullying among Turkish adolescents. *Cyberpsychology & Behavior, 3,* 253-261.

Ashley, N., Michelle, L. K., Evelyn, S. C., & Miguel, A. P. (2013). Development of the cyberbullying experiences survey. *Emerging Adulthood, 1*(3), 207-218.

Baier, S. (2007). *A critical review of literature: Understanding bullying behaviors of children.* Madison: University of Wisconsin-Stout. MS, Education.

Bannink, R., Suzanne, B., Petra, M. L., Frouwkje, G. W., & Hein, R. (2014). Cyber and Traditional bullying victimization as a risk factor for mental health problems and suicidal ideation in adolescents. *PLoS ONE, 9*(4), 1-7.

Barlett, C. P., & Gentile, D. A. (2012). Attacking others online: The formation of cyber-bullying in late adolescence. *Psychology of Popular Media Culture, 1,* 130-135.

Bauman, S. (2012). Cyberbullying in the United States. In Q. Li, D. Cross, & P. K. Smith (Eds.), *Cyberbullying in the global playground: Research from international perspectives* (pp. 143-179). Malden, MA: Wiley-Blackwell.

Bayram, Ç., Yüksel, E., & Adem, P. (2011). Cyber victim and bullying scale: A study of validity and reliability. *Computers & Education, 57,* 2261-2271.

Bayram, Ç., Yüksel, E., Adem, P., Sirri, A., & Sevim, P. (2012). The investigation of relationship among relational-interdependent self construal cyberbullying and psychological disharmony in adolescents. *Educational Sciences: Theory & Practice, 12*(2), 646-653.

Beran, T., & Li, Q. (2005). Cyber-harassment: A study of a new method for an old behavior. *Journal of Educational Computing Research, 32*(3), 265-277.

Berarducci, L. R. (2009). *Traditional bullying victimization and new cyberbullying behaviors*. Ohio: University of Dayton.

Berne, S., Fris, A., Schultze-Krumbholz, A., Scheithauer, H., Naruskov, K., Luik, P., Katzer, C., Erentaite, R., & Zukauskiene, R. (2013). Cyberbullying assessment instruments: A systematic review. *Aggression and Violent Behavior, 18*, 320-334.

Baht, C. S. (2008). Cyber bullying: Overview and strategies for school counsellors, guidance officers and all school personnel. *Australian Journal of Guidance and Counselling, 18*, 53-66.

Bischof-Köhler, D. (2012). Empathy and self-recognition in phylogenic and ontogenic perspective. *Emotion Review, 4*(1), 40-48.

Blakeney, K., (2012). An instrument to measure traditional and cyber bullying in overseas schools. *International Schools Journal, 32*(1), 45-54.

Bonanno, A. R., & Hymei, S. (2013). Cyber Bullying and internalizng difficulties: Above and beyound the impact of traditional forms of bullying. *Journal of Youth Adolescents, 42*(5), 685-697.

Boran, T., & Li, Q. (2005). Cyber-harassment: A study of a new method for an old behavior. *Journal of Educational Computing Research, 32*(3), 265-277.

Brandtzaeg, P. B., Staksrud, E., Hagen, I., & Wold, T. (2009). Norwegian children's experiences of cyberbullying when using different technological platforms. *Journal of Children and Media, 3*(4), 350-365.

Brett, H., & Bonnie, J. L. (2015). The nature and frequency of cyber bullying behaviors and victimization experiences in young canadian children. *Canadian Journal of School Psychology, 30*(2), 116-135.

Brewer, G., & Kerslake, J., (2015). Cyberbullying, self-esteem, empathy and loneliness. *Computer in Human Behavior, 48*, 255-260.

Calvete, E., Orue, I., Estévez, A., Villardón, L., & Padilla, P. (2010). Cyberbullying in adolescents: Modalities and aggressors' profile. *Computers in Human Behavior, 26*, 1128-1135.

Campfield, D. C. (2006). Cyberbullying and victimization: Psychosocial characteristics of bullies, victims, and bully/ victims. Unpublished doctoral dissertation, The University of Montana.

Cetin, B., Eroglu, Y., Peker, A., Akbaba, S., & Pepsoy, S. (2012). The investigation of relationship among relational-interdependent self construal cyberbullying and psychological disharmony in adolescents. *Educational Sciences: Theory & Practice, 12*(2), 646-653.

Chen, L., Ho, S. S., & Lwin, M. O. (2017). A meta-analysis of factors predicting cyberbullying perpetration and victimization: From the social coginitive and media effects approach. *New Media & Society, 19*(8), 1194-1213.

Christopher, P. B. (2015). Predicting adolescent's cyberbullying behavior: A longitudinal risk analysis. *Journal of Adolescence, 41*, 86-95.

Chultze-Krumbholz, A., & Scheithauer, H. (2009). Social-behavioral correlates of cyberbullying in an german student sample. *Zeitschrift für Psychologie, 217*(4), 224-226.

Coyne, I., Chesney, T., Logan, B., & Madden, N. (2009). Griefing in a virtual community an exploratory survey of second life residents. *Zeitschrift für Psychologie, 217*(4), 214-221.

Crick, N. R. (1995). Relational aggression: The role of intent attributions, feelings of distress, and provocation type. *Development and Psychopathology, 7*, 313-322.

David, L. (2013). The structure of Cyber and Traditional Aggression: An Integrated Conceptualization. Unpublished doctoral dissertation, Arizona State University.

Dempsey, A. G., Sulkowski, M. L., Nicols, R., & Storch, E. A. (2009). Differences between peer victimization in cyber and physical settings and associated psychosocial adjustment in early adolescence. *Psychology in the Schools, 46*(10), 960-970.

Dilmac, B. (2009). Psychological needs as a predictor of cyber bullying: A preliminary report on college students. *Educational Science: Theory & Practice, 9*(3), 1307-1325.

Dinkes, R., Kemp, J., & Baum, K. (2009). Indicators of School Crime and Safety: 2008 National Center for Education Statistics, Institute of Education Sciences. Washington, DC: U.S.

Department of Education, and Bureau of Justice Statistics, Office of Justice Programs, U.S. Department of Justice.

Erdur-Baker, Ö. (2010). Cyberbullying and its correlation to traditional bullying, gender and frequent and risky usage of internet-mediated communication tools. *New Media & Society, 12*(1), 109-125.

Erdur-Baker, Ö., & Kavsut, F. (2007). Cyber bullying: A new face of peer bullying. *Egitim Arastirmalari-Eurasian Journal of Educational Research, 7*(27), 31-42.

Finkelhor, D., Mitchell, K., & Wolak, J. (2000). Online victimization: A report on the nation's youth. National Center for Missing & Exploited Children. Retrieved from www.unh.edu/ccrc/Youth_Internet_info_page.html

Finn, J. (2004). A survey of online harassment at a university campus. *Journal of Interpersonal Violence, 19*, 468-483.

Garnefski, N., Boon, S., & Kraaij, V. (2003). Relationships between cognitive strategies of adolescents and depressive symptomatology across different types of life events. *Journal of Youth and Adolescence, 32*, 401-408.

Garnefski, N., Kraaij, V., & Spinhoven, P. (2002). *CERQ: Manual for the use of the cognitive emotion regulation questionnaire.* DATEC. (Leiderdorp, The Netherlands).

Gini, G., & Pozzoli, T. (2009). Association between bullying and psychosomatic problems: A meta-analysis. *Pediatrics, 123*(3), 1059-1065.

Goebert, D., Else, I., Matsu, C., Chung-Do, J., & Chang, J. Y. (2011). The impact of cyberbullying on substance use and mental health in a multiethnic sample. *Maternal and Child Health Journal, 15*, 1282-1286.

Gradinger, P., Strohmeier, D., & Spiel, C. (2009). Traditional bullying and cyberbullying: Identification of risk groups for adjustment problems. *Journal of Psychology, 217*(4), 205-213.

Greenberg, L. S., & Johnson, S. M. (1988). *Emotionally focused therapy for couples.* New York: Guilford Press.

Harcey, T. D. (2007). A phenomenological study of the nature, prevalence, and perceptions of cyberbullying based on student and administrator responses. Unpublished doctoral dissertation, Edgewood Collage.

Hay, C., & Meldrum, R. (2010). Bullying victimization and adolescent self-harm: Testing hypotheses from general strain theory. *Journal of Youth Adolescence, 39*, 446-459.

Hay, C., Meldrum, R., & Mann, K. (2010). Traditional bullying, cyber bullying, and deviance: A general strain theory approach. *Journal of Contemporary Criminal Justice, 26*(2), 130-147.

Heiman, T., Dorit, O. S., & Sigal, E. (2014). Cyberbullying involvement among students with ADHD: Relation to loneliness, self-efficacy and social support. *European Journal of Special Needs Education, 30*(1), 15-29.

Hemphill, S. A., & Heerde, J. A. (2014). Adolescent predictiors of young adult cyberbullying perpetration and victimization among Australian youth. *Journal of Adolescent Health, 55*(4), 580-587.

Hinduja, S., & Patchin, J. W. (2007). Offline consequences of online victimization. *Journal of School Violence, 6*(3), 89-112.

Hinduja, S., & Patchin, J. W. (2008). Cyberbullying: An exploratory analysis of factors related to offending and victimization. *Deviant Behavior, 29*, 129-156.

Hinduja, S., & Patchin, J. W. (2010). Bullying, cyberbullying, and suicide. *Archives of Suicide Research, 14*(3), 206-221.

Hinduja, S., & Patchin, J. W. (2012). 사이버폭력 (*Bullying beyond the schoolyard: Preventing and responding to cyberbullying*). (조아미, 박선영, 한영희, 이진숙, 김범구, 진영선, 이정민, 이원희 공역). 경기: 정민사. (원저는 2010년에 출판).

Hinduja, S., & Patchin, J. W. (2013). Social influences on cyberbullying behaviors among middle and high school student. *Journal of Youth and Adolescence, 42*, 711-722.

Hoff, D. L., & Mitchell, S. N. (2009). Cyberbullying: Causes, effects, and remedies. *Journal of Educational Administration, 47*, 652-665.

Holt, T. J., Fitzgerald, S., Bossler, A. M., Chee, G., & Ng, E. (2014). Assessing the risk factors of cyber and mobile phone bullying victimization in a nationally representative sample of Singapore youth. *International Journal of Offender Therapy and Comparative Criminology, 60*(5), 1-18.

Huang, Y., & Chou, C. (2010). An analysis of multiple factors of cyberbullying among junior high school students in taiwan. *Computers in Human Behavior, 26*, 1581-1590.

Jacobs, C. N., Trijntje, V., Francine, D., & Lilian, L. (2015). The development of a self report questionnaire on coping with cyber bullying-the cyberbullying coping questionnaire. *Societies, 5*(2), 460-491.

Katzer, C., Fetchenhauer, D., & Belschak, F. (2009). Cyberbullying:

Who are the victims? A comparison of victimization in internet chatrooms and victimization in school. *Journal of Media Psychology, 21*, 25-36.

Keith, S., & Martin, M. E. (2005). Cyber-bullying: Creating a culture of respect in a cyber world. *Reclaiming Children and Youth, 13*, 224-228.

Kernberg, O. F. (2005). 남녀관계의 사랑과 공격성: 정신분석적 이해 (*Love relations: Normality and pathology*). (윤순임 역). 서울: 학지사. (원저는 1998년에 출판).

Kim, D., Lee, Y., Lee, J., Nam, J., & Chung, Y. (2014). Development of Korean Smartphone Addiction Proneness Scale for Youth. *PLoS ONE, 9*(5), 1-8.

Kite, L. S., Robert, G., & Lawrence, F. (2010). Assessing middle school students' knowledge of conduct and consequences and their Kite, behaviors regarding the use of social networking sites. *The Clearing House, 83*, 158-163.

Kohut, H. (1977). *The restoration of the self*. Illinois: University of Chicago Press.

König, A., Gollwitzer, M., & Steffgen, G. (2010). Cyberbullying as an act of revenge? *Australian Journal of Guidance & Counseling, 20*(2), 210-224.

Kowalski, R. M., & Fedina, C. (2011). Cyber bullying in ADHD and Asperger Syndrome populations. *Research in Autism Spectrum Disorders, 5*, 1201-1208.

Kowalski, R. M., Giumetti, G. W., Schroeder, A. N., & Lattanner, M. R. (2014). Bullying in the digital age: A critical review and meta-analysis of cyberbullying research among youth.

Psychological Bulletin, 140(4), 1073-1137.

Kowalski, R. M., & Limber, S. P. (2007). Electronic bullying among middle school students. *Journal of Adolescent Health, 41*, 822-830.

Kowalski, R. M., Limber, S. P., & Agaston, P. W. (2012). *Cyberbullying: Bullying in the digital age* (second edition). Oxford: Blackwell Publishing Ltd.

Kyriacou, C., & Zuin, A. (2018). Cyberbullying bystanders and moral engagement: A psychosocial analysis for pastoral care. *Pastoral Care in Education, 36*(2), 99-111.

Lacan, J. (1977). *Ecrits: A Selection, trans. A. Sheridan.* New York: Norton.

Lam, T. L., & Li, Y. C. (2013). The validation of the e-victimization scale and the e-bullying scale for adolescents. *Computers in Human Behavior, 29*(1), 3-7.

Law, D. M., Shapka, J. D., Hymel, S., Olson, B. F., & Waterhouse, T. (2012). The changing face of bullying: An empirical comparison between traditional and internet bullying and victimization. *Computers in Human Behavior, 28*, 226-232.

Li, Q. (2005). Cyberbullying in schools: Nature and extent of Canadian adolescents' experience. Paper presented at the annual meeting of the American Educational Research Association Montreal, Canada.

Li, Q. (2006). Cyberbullying in schools a research of gender differences. *School Psychology International, 27*(2), 157-170.

Li, Q. (2007a). Bullying in the new playground: Research into cyberbullying and cyber victimization. *Australasian Journal of*

Educational Technology, 23(4), 435-454.

Li, Q. (2007b). New bottle but oldwine: A research of cyberbullying in schools. *Computers in Human Behavior, 23*, 1777-1791.

Li, Q. (2008). A cross-cultural comparison of adolescents' experiences related to cyberbullying. *Educational Research, 50*(3), 223-234.

Litwiller, J. B., & Brausch, M. A. (2013). Cyber bullying and physical bullying in adolescent suicide: The role of violent behavior and substance use. *Journal of Youth & Adolescence, 42*(5), 675-684.

Marcum, C. D., Higgins, G. E., Freivurger, T. L., & Ricketts, M. L. (2012). Battle of the sexes: An examination of male and female cyber bullying. *International Journal of Cyber Criminology, 6*(1), 904-911.

Matthew, S. (2012). Developing a Measure of Cyberbullying Perpetration and Victimization. Unpublished doctoral dissertation, Arizona State University.

Menesini, E., Nocentini, A., & Calussi, P. (2011). The structure and relative item severity and discrimination cyberpsychology. *Behavior and Social Networking, 14*(5), 267-274.

Mesch, G. S. (2009). Parental mediation, online activities, and cyberbullying. *Cyberpsychology & Behavior, 12*(4), 387-393.

Mishna, F., Cook, C., Gadalla, T., Daciuk, J., & Solomon, S. (2010). Cyber bullying behaviors among middle and high school students. *The American Journal of Orthopsychiatry, 80*(3), 362-374.

Mitchell, K. J., Finkelhor, D., & Becker-Blease, K. A. (2007). Linking youth internet and conventional problems: Findings from a clinical perspective. *Journal of Aggression, Maltreatment &*

Trauma, 15(2), 39-58.

Mitchell, K. J., Ybarra, M. L., & Finkelhor, D. (2007). The relative importance of online victimization in understanding depression, delinquency, and substance use. *Child Maltreatment, 12*(4), 314-324.

Mura, G., Topcu, C., Erdur-Baker, Ö., & Diamantini, D. (2011). An international study of cyber bullying perception and diffusion among adolescents. *Procedia Social and Behavioral Sciences, 15,* 3805-3809.

Mustafa, Ş., Aydin, B., & Serkan, V. (2012). Cyber bullying, cyber victimization and psychological symptoms-a study in adolescents. *Cukurova University Faculty of Education Journal, 41*(1), 53-59.

Nicol, A., & Fleming, M. J. (2010). "i h8 u": The influence of normative beliefs and hostile response selection in predicting adolescents' mobile phone aggression-a pilot study. *Journal of School Violence, 9*(2), 212-231.

Olweus, D. (1993). *Bullying at school: What we know and what we can do.* New York: Blackwell.

Ortega, R., Elipe, P., Mora-Merchán, J. A., Calmaestra, J., & Vega, E. (2009). The emotional impact on victims of traditional bullying and cyberbullying: A study of spanish adolescents. *Zeitschrift für Psychologie, 217*(4), 197-204.

Paris., S. S., Kraska, M. F., Strom, R. D., Wingate, J. J., & Beckert, T. E. (2012). Cyberbullying-assessment of student experience for continuous improvement planning. *NASSP Bulletin, 96*(2), 137-153.

Paris, S. S., & Robert, D. S. (2005). Cyberbullying by Adolescents: A preliminary assessment. *Educational Forum, 70*(1), 21-36.

Pascual-Leone, J. (2000). Mental attention, consciousness, and the progressive Emergence of Wisdom. *Journal of Adult Development, 7*, 241-254.

Patchin, J. W., & Hinduja, S. (2006). Bullies move beyond the schoolyard: A preliminary look at cyberbullying. *Youth Violence and Juvenile Justice, 4*(2), 148-169.

Patchin, J. W., & Hinduja, S. (2015). 사이버 폭력 앞의 아이들: 청소년을 위한 사이버 불링 대응 매뉴얼 (*Words wound: Delete cyberbullying and make kindness go viral*). (문경숙, 김용련, 김대희 공역). 서울: 상상박물관. (원저는 2014년에 출판).

Paullet, K. L. (2010). An exploratory study of cyberstalking: Students and law enforcement in Allegheny county, Pennsylvania. Unpublished doctoral dissertation, Robert Morris University.

Payne, A. A., & Hutzell, K. L. (2017). Old wine, new bottle? Comparing interpersonal bullying and cyberbullying victimization. *Youth & Society, 49*(8), 1149-1178.

Pornari, C. D., & Wood, J. (2010). Peer and cyber aggression in secondary school students: The role of moral disengagement, hostile attribution bias, and outcome expectancies. *Aggressive Behavior, 36*, 81-94.

Postmes, T., & Spears, R. (1998). Deindividuation and antinormative behavior: A meta-analysis. *Psychological Bulletin, 102*, 238-259.

Price, D., Green, D., Spears, B., Scrimgeour, M., & Barnes, A. (2014). A qualitative exploration of cyber-bystanders and moral engagement. *Australian Journal of Guidance and Counselling,*

24(1), 1-17.

Pyżalski, J. (2009). Poster Session Presentation. XIV European conference on developmental psychology. Vilnius, Lithuania.

Raskauskas, J. (2010). Text-bullying: Associations with traditional bullying and depression among new zealand adolescents. *Journal of School Violence, 9*(1), 74-97.

Raskauskas, J., & Prochnow, J. E. (2007). Text-bullying in New Zealand: A mobile twist on traditional bullying. *New Zealand Annual Review of Education, 16*, 89-104.

Raskauskas, J., & Stoltz, A. D. (2007). Involvement in traditional and electronic bullying among adolescents. *Developmental Psychology, 43*(3), 564-575.

Reeckman, B., & Cannard, L. (2009). Cyberbullying: A TAFE perspective. *Youth Studies Australia, 28*(2), 41-49.

Riccardi, B. K. (2008). *Cyber bullying: Responsibilities and solutions.* New York: Rice High School.

Rigby, K. (2008). *Children and bullying: How parents and educators can reduce bullying at school.* Oxford: Blackwell.

Rivers, I., & Noret, N. (2010). 'I h8 u': Findings from a five-year study of text and email bullying. *British Educational Research Journal, 36*(4), 643-671.

Riviere, J. (1952). Représentation graphique de la granulométrie des sédiments meubles. B.S. G. F., 6ème sér., t. 2, 1952, pp. 145-154.

Salmivalli, C., Lagerspetz, K., Björkqvist, K., Österman, K., & Kaukiainen, A. (1996). Bullying as a group process: Participant roles and their relations to social status within the group. *Aggressive Behavior, 22*, 1-15.

Salmivalli, C., & Peets, K. (2009). Bullies, victims, and bully-victim relationships. In K. Rubin, W. Bukowski & B. Laursen (Eds.), *Handbook of peer interactions, relationships, and groups* (pp. 322-340). New York: Guilford.

Salmivalli, C., Voeten, M., & Poskiparta, E. (2011). Bystanders matter: Associations between reinforcing, defending, and the frequency of bullying behavior in classrooms. *Journal of Clinical Child & Adolescent Psychology, 40*(5), 668-676.

Salvatore, A. J. (2006). An anti-bullying strategy: Action research in a 5/6 intermediate school. Unpublished doctoral dissertation, University of Hartford.

Schultze-Krumbholz, A., & Scheithauer, H. (2009a). Social-behavioral correlates of cyberbullying in an German student sample. *Zeitschrift für Psychologie, 217*(4), 224-226.

Schultze-Krumbholz, A., & Scheithauer, H. (2009b). Measuring cyberbullying and cybervictimisation by using behavioral categories-The Berlin Cyberbullying Cybervictimisation Questionnaire (BCyQ). Poster presented at the post conference workshop "COST ACTION IS0801: Cyberbullying: Coping with negative and enhancing positive uses of new technologies, in relationships in educational setting", 22-23 August 2009, Vilnius.

Sengupta, A., & Chaudhuri, A. (2011). Are social networking sites a source of online harassment for teens? evidence from a survey data. *Children and Youth Services Review, 33*, 284-290.

Slonje, R., & Smith, P. K. (2008). Cyberbullying: Another main type of bullying? *Scandinavian Journal of Psychology, 49*, 147-154.

Smith, P. K. (2019). Research on cyberbullying: Strengths and limitation. In H. Vandebosch & L. Green (Eds.), *Narratives in research and interventions on cyberbullying among young people* (pp. 9-27). Switzerland: Springer.

Smith, P. K., Mahdavi, J., Carvalho, M., Fisher, S., Russell, S., & Tippett, N. (2008). Cyberbullying: Its nature and impact in secondary school pupils. *Journal of Child Psychology and Psychiatry, 49*(4), 376-385.

Strom, P. S., & Strom, R. D. (2005). Cyberbullying by adolescents: A preliminary assessment. *Educational Forum, 70*(1), 21-32.

Tokunaga, R. S. (2010). Following you home from school: A critical review and synthesis of research on cyberbullying victimization. *Computers in Human Behavior, 26*(3), 277-287.

Topcu, C., & Erdur-Baker, Ö. (2010). The revised cyber bullying inventory (RCBI): Validity and reliability studies. *Procedia Social and Behavioral Sciences, 5*, 660-664.

Topcu, C., Erdur-Baker, Ö., & Capa-Aydin, Y. (2008). Examination of cyberbullying experiences among Turkish student from dirrerent school types. *Cyberpsychology & Behavior, 11*(6), 643-648.

Tynes, B. M., Rose, C. A., & Williams, D. R. (2010). The development and validation of the online victimization scale for adolescents cyberpsychology. *Journal of Psychosocial Research on Cyberspace, 4*(2), article 1.

Vandebosch, H., & Cleemput, K. (2009). Cyberbullying among youngsters profiles of bullies and victims. *New Media and Society, 11*(8), 1349-1371.

Vandebosch, H., & Green, L. (2019). *Narratives in research*

and interventions on cyberbullying among young people.
Switzerland: Springer.

Varela, F. J., Thompson, E., & Rosch, E. (1991). *The embodied mind: Cognitive science and human experience.* Massachusetts: The MIT Press.

Varjas, K., Heinrich, C. C., & Meyers, J. (2009). Urban middle school students' perceptions of bullying, cyberbullying and school safety. *Journal of School Violence, 8*(2), 159-176.

Walker, J. (2009). The contextualized rapid resolution cycle intervention model for cyberbullying. Unpublished doctoral dissertation, Arizona State University.

Willard, N. (2007). Educator's guide to cyberbullying and cyberthreats. Center for Safe and Responsible Use of the Internet. Retrieved October 10, 2011, from http://www.cyberbully.org/docs.cbctparents.pdf.

Williams, K. D., Cheung, C. K. T., & Choi, W. (2000). Cyberostracism: Effects of being ignored over the internet. *Journal of Personality and Social Psychology, 79,* 748-762.

Winnicott, D. W. (1953). Transitional objects and transitional phenomena: A study of the first not-me possession. *The International Journal of Psychoanalysis, 34,* 89-97.

Winnicott, D. W. (1971). *Playing and reality.* Abingdon: Routledge.

Wolak, J., Finkelhor, D., Mitchell, K., & Ybarra, M. L. (2008). Online predators and their victims: Myths, realities, and implications for prevention and treatment. *American Psychologist, 63*(2), 111-128.

Wolak, J., Mitchell, K. J., & Finkelhor, D. (2007). Does online harassment constitute bullying? An exploration of online harassment by known peers and online-only contacts. *Journal of Adolescent Health, 41*, 52-58.

Wright, V. H., Burnham, J. J., Inman, C. T., & Ogorchock, H. N. (2009). Cyberbullying: Using virtual scenarios to educate and raise awareness. *Journal of Computing in Teacher Education, 26*(1), 35-42.

Ybarra, M. L. (2004). Linkages between depressive symptomatology and internet harassment among young regular internet users. *Cyberpsychology & Behavior, 7*(2), 248-257.

Ybarra, M. L., Diener-West, M., & Leaf, P. J. (2007). Examining the overlap in internet harassment and school bullying: Implications for school intervention. *Journal of Adolescent Health, 41*, 42-50.

Ybarra, M. L., Espelage, D. L., & Mitchell, K. J. (2007). The co-occurrence of internet harassment and unwanted sexual solicitation victimization and perpetration: Associations with psychosocial indicators. *Journal of Adolescent Health, 41*(6), 31-41.

Ybarra, M. L., & Mitchell, K. J. (2004). Online aggressor/targets, aggressors, and targets: A comparison of associated youth characteristics. *Journal of Child Psychology and Psychiatry, 45*, 1308-1316.

Ybarra, M. L., & Mitchell, K. J. (2007). Prevalence and frequency of internet harassment instigation: Impations for adolescent health. *Journal of Adolescent Health, 41*, 189-195.

Ybarra, M. L., & Mitchell, K. J. (2008). How risky are social networking sites? A comparison of places online where youth sexual soitation and harassment occurs. *Pediatrics, 121*, 350–357.

Ybarra, M. L., Mitchell, K. J., Finkelhor, D., & Wolak, J. (2007). Internet prevention messages: Targeting the right online behaviors. *Archives of Pediatrics & Adolescent Medicine, 161*, 138–145.

Ybarra, M. L., Mitchell, K. J., Wolak, J., & Finkelhor, D. (2006). Examining characteristics and associated distress related to internet harassment: Findings from the second youth internet safety survey. *Journal of the American Academy of Pediatrics, 118*, 1169–1177.

Zhao, S., Grasmuck, S., & Martin, J. (2008). Identity construction on Facebook: Digital empowerment in anchored relationships. *Computers in Human Behaviour, 24*, 1816–1836.

Zhou, Z., Tang, H., Tian, Y., Wei, H., Zhang, F., & Morrison, C. M. (2013). Cyberbullying and its risk factors among Chinese high school students. *School Psychology International, 34*(6), 630–647.

Cyberbullying Research Center   https://cyberbullying.org

eSafety Commissioner   https://www.esafety.gov.au

Stop Bullying   https://www.stopbullying.gov

UK Safer Internet Centre   https://saferinternet.org.uk

찾아보기 ▼

인명

내용

저자 소개

정여주(Chung, Yeoju)

서울대학교 교육학과 상담전공 박사
현 한국교원대학교 교육학과 상담심리전공 교수
   KNUE심리상담센터 센터장
   수련감독전문가(한국상담학회)
   상담심리전문가(한국상담심리학회)
전 경일대학교 심리치료학과 조교수
   플로리다 주립대학교 방문연구원

〈대표 저서 및 역서〉
중독상담학 개론(공저, 학지사, 2018)
학교폭력 예방 및 학생의 이해(공저, 학지사, 2018)
상담자 자기돌봄(공역, 학지사, 2020)

청소년 사이버폭력 문제와 상담
Adolescent Cyberbullying Problem and Counseling

2021년   1월 30일 1판 1쇄 발행
2023년   3월 20일 1판 2쇄 발행

지은이 • 정여주
펴낸이 • 김진환
펴낸곳 • ㈜**학지사**
　　　　04031 서울특별시 마포구 양화로 15길 20 마인드월드빌딩
대표전화 • 02-330-5114　　팩스 • 02-324-2345
등록번호 • 제313-2006-000265호

홈페이지 • http://www.hakjisa.co.kr
페이스북 • https://www.facebook.com/hakjisabook

ISBN 978-89-997-2140-3 93370

정가 14,000원

출판미디어기업 학지사
간호보건의학출판 **학지사메디컬** www.hakjisamd.co.kr
심리검사연구소 **인싸이트** www.inpsyt.co.kr
학술논문서비스 **뉴논문** www.newnonmun.com
교육연수원 **카운피아** www.counpia.com